海昏藏美

彭明瀚　编著

文物出版社

图书在版编目（CIP）数据

海昏藏美/彭明瀚编著.--北京：文物出版社，
2022.7

ISBN 978-7-5010-7738-0

Ⅰ.①海… Ⅱ.①彭… Ⅲ.①汉墓–出土文物–介绍
–南昌 Ⅳ.①K878.8

中国版本图书馆CIP数据核字（2022）第102829号

审图号：GS（2022）2215号

海昏藏美

编　　著：彭明瀚

装帧设计：艾　菁
责任编辑：彭家宇
责任印制：王　芳
出版发行：文物出版社
社　　址：北京市东城区东直门内北小街 2 号楼
邮　　编：100007
网　　址：http://www.wenwu.com
经　　销：新华书店
印　　刷：北京荣宝艺品印刷有限公司
开　　本：787mm×1092mm　1/16
印　　张：15.75
版　　次：2022 年 7 月第 1 版
印　　次：2022 年 7 月第 1 次印刷
书　　号：ISBN 978-7-5010-7738-0
定　　价：128.00 元

目录

前言

2011年3月23日，江西省文物局接到南昌市新建县（现为新建区）大塘坪乡观西村村民举报，有人在墩墩山盗挖古墓。江西省文物考古研究院考古领队杨军受单位委派，会同南昌市和新建县文物部门专业人员进行现场勘查，专家们认为该墓位于江西省级文物保护单位紫金城城址与铁河古墓群（2013年公布为全国重点文物保护单位）保护范围内，墓葬规模较大，等级较高，可能与文献记载的汉代海昏侯国这段历史有关，是一座重要古墓，按照古墓葬命名的一般原则，将它命名为墩墩墓。同年4月6日，国家文物局在南昌召开新建县墩墩墓保护问题专家论证会，会后批准了这一抢救性考古项目。此后，该墓的发掘和保护工作，严格按照国家文物局"一流的考古，一流的保护，一流的展示"要求有序展开（图1）。经过4年多的田野考古，根据出土文物，结合周边考古调查勘探成果，专家们断定该墓主人为西汉海昏侯刘贺，2015年11月4日江西省文化厅在南昌召开新闻通报会，向社会公众发布了这一惊世大发现，从此，墩墩墓又被称为刘贺墓。海昏侯刘贺墓考古成果惊艳世界，揭开

图1 刘贺墓园发掘前远眺

了 2000 年前汉代海昏侯国的神秘面纱，推开了洞察海昏那段扑朔迷离历史的一扇窗，是秦汉考古的重大发现，名列 2015 年度全国十大考古新发现。

■ 海昏故事

随着秦汉的统一、江南的开发以及今鄱阳湖地区经济的发展，汉高祖四年（公元前 203 年）刘邦分封功臣英布为淮南王，其辖境包括九江、庐江、豫章等郡。汉高祖六年（公元前 201 年），汉政府在豫章郡设立南昌、海昏、鄡阳等 18 个县，奠定了今日江西省行政区划的基本格局（图 2）。海昏县位于缭水与修水流域两大水系之间，大致范围为：东至今天鄱阳湖区，北至今武宁县，南至今奉新县南界，西至今奉新县西界，相当于今天永修、武宁、靖安、安义和奉新 5 个县以及新建区北部、庐山市南部滨湖地区，按上述 5 县面积相加，海昏县的面积约 9217 平方千米（图 3）。另据葛剑雄《西汉人口地理》，豫章郡面积 165915 平方千米，除以 18，则每县平均为 9217.5 平方千米，两数正好相当。

元康三年（公元前 63 年）春，刘贺正式被封为海昏侯，迁居豫章郡海昏县，海昏县便改名为海昏侯国。因为有海昏县设置在先，海昏侯国是借海昏县名而封的，所以，海昏侯国初封时范围应与海昏县相当。据《汉书·地理志》，豫章郡有 18 县 67462 户，每县平均户数为 3747 户。海昏县位于当时豫章郡社会经济比较发达的赣江中下游地区，户数应稍高于全郡的平均数，应该可以满足刘贺 4000 户食邑的需求，不用到邻县补差，也就是说，海昏侯国初封时范围大致与海昏县相当。数年后侯食邑被削减 3000 户，仅有海昏县范围的四分之一了。

刘贺自元康三年（公元前 63 年）受封海昏侯，至神爵三年（公元前 59 年）去世，在海昏侯国仅生活了 4 年，享年 34 岁。刘贺去世后，汉宣帝接受群臣的奏请，下令废除海昏侯国。汉元帝刘奭即位后，于初元三年（公元前 46 年），封刘贺第三子刘代宗为海昏侯，史称海昏釐侯；代宗死，子保世嗣位；原侯保世死，子会邑继立；王莽篡汉时，海昏侯国被废除，刘会邑沦落为平民。刘秀建立东汉，复兴刘氏天下，刘会邑复封为海昏侯。从刘贺被分封海昏侯，到汉元帝复封刘代宗为海昏侯，史料记载名字、封号清楚的海昏侯爵位传承至少 4 代，约 90 年。东汉刘会邑以后，海昏侯家族的记载不具体，东汉中期班固写《汉书》时海昏侯国依然存在，《后汉书·郡国

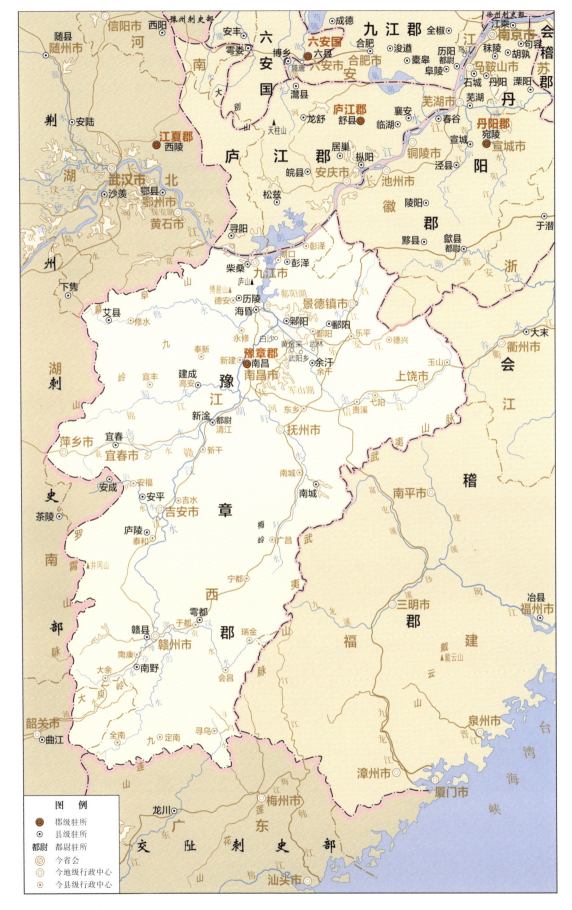

图 2　西汉时期豫章郡示意图

志》豫章郡中记有"海昏侯国"，说明东汉时期海昏侯国存在了相当长一段时间。考古调查勘探表明，紫金城城址与铁河古墓群区域中的苏家山东汉墓园中有规划地建有高 2～8 米不等的园墙，探明汉代后期墓葬 45 座，面积约 10 万平方米，可以与《后汉书·郡国志》的相关记载相印证。

海昏县设置于汉高祖六年（公元前 201 年），海昏侯国册封于宣帝元康三年（公元前 63 年），前后相隔 138 年，这一历史时段里，只有海昏县而无海昏侯国，两者一前一后，且地域名称相同，为前后相承的关系。元康三年（公元前 63 年）刘贺被封为海昏侯后，"食邑四千户"，因为这 4000 户与海昏县的人口户数基本一致，故此时海昏县成了海昏侯国，即有海昏侯国而无海昏县。从神爵三年（公元前 59 年）汉宣帝下令废除海昏侯国，至汉元帝初元三年（公元前 46 年）封刘代宗为海昏侯，这 13 年间，海昏侯国又改回了海昏县。海昏县与海昏侯国前后相继，成为西汉王国分封制与郡县制并行的缩影。西汉王朝在地方政治制度上，实行郡县制与封国制并行的地方行政制度，即郡和王国并行为地方一级行政区划，其下还有县和侯国（道、

图 3　汉代海昏侯国疆域示意图

邑）并行为地方二级行政区划。郡县制产生于春秋战国时期，是秦汉时期新兴的地方行政区划制度，由中央政府直接管辖。郡、县长官负责辖区内的政治、经济、文化和社会治安；而封国制则是西周分封的遗产，属于秦汉王国体系。所以，海昏县与海昏侯国，尽管名称相同，地点相同，但在政治制度上却不相同，前者是秦汉新兴的政治制度，即郡县制的代表；后者是西周分封制的残余，也是家天下的产物和表现。

自汉高祖六年（公元前 201 年）设立海昏县以来，中间虽有王莽新政时更名为宜生，某一段时段内为侯国，但海昏县作为县一级行政区划一直延续至南朝宋元嘉二年（425 年）止，前后共延续了约 626 年之久。关于海昏县废止的原因，当地民间有"沉海昏浮吴城"的传说，即认为海昏县是因为鄱阳湖水的南侵及湖面扩大而沉没在鄱阳湖水中。历史地理学家谭其骧先生认为，自全新世开始以来，鄱阳湖地区的新构造运动具有强烈下沉的性质，鄡阳平原河网交错的地貌景观经长期沉降，逐步向沼泽化方向演变，鄱阳湖南侵，水面逐渐扩大，至南朝，平原沼泽化可能已经相当严重，大部分地区不宜人们居住和从事农业生产，人口逐步外迁，南朝宋永初二年（421 年）撤销鄡阳县（图 4），南朝宋元嘉二年（425 年）海昏县成建制并入建昌县。

西汉时期关于江西的记载只有只言片语，关于海昏县、海昏侯国的记载更是寥

图 4　汉鄡阳城址

寥数语，有关昌邑城、海昏侯墓的情况，也只能在地方文献中发现一鳞半爪。当地民间传说昌邑城在今新建区昌邑乡游塘村，是海昏侯刘贺的王城。江西考古人员在游塘村的确发现了一座面积约24万平方米的汉代城址，现存土城略呈长方形，城墙残高约10米，与刘贺食邑4000户的县侯身份大体相称，也与南方汉代县一级城邑规模大体相近。南朝宋人刘敬叔《异苑》说元嘉年间南昌巨族胡氏家奴盗挖了刘贺墓，可清朝《西江志》中又说刘贺葬于昌邑城中："汉海昏侯刘贺墓，在昌邑城内，有大冢一所，小冢二百许。"包括刘贺玉印在内的大量精美文物在紫金城西南的墩墩山被发现，惊艳世界，揭秘了尘封千年的往事，让富有传奇色彩的海昏侯刘贺的人物形象更加清晰，也大大丰富了海昏侯国历史的文化内涵，增强了海昏历史的可信度，刷新了人们对于汉代海昏县、海昏侯国、海昏侯刘贺乃至西汉中后期历史的认知，为我们廓清重重历史谜雾打开了一扇窗，也使得历史上倍受争议的刘贺、神秘的海昏再一次回到人们的视线，迅速形成海昏侯热。

■ 刘贺传奇

海昏侯墓之所以引起社会广泛关注，在于富有传奇色彩的墓主。刘贺是汉武帝刘彻之孙、昌邑王刘髆之子。刘髆为汉武帝最宠爱的李夫人所生，天汉四年（公元前97年）被汉武帝册封为昌邑王，任命硕儒夏侯始昌为昌邑太傅，负责教导。在汉武帝六子中，刘髆位列第五，在《汉书·武五子传》中只有9个字记载："天汉四年立，十一年薨。"后元二年（公元前87年）刘髆死后，时年5岁的独子刘贺继任为第二代昌邑王，朝廷任命《诗经》与《春秋》谷梁学大师鲁申公的再传弟子王式为太傅。

在刘贺继承王位后的第13年，即元平元年（公元前74年）四月，昭帝驾崩，没有儿子继承帝位，也没有遗诏指定皇位继承人，因此确定下一任皇帝人选成为当时西汉朝廷各派政治势力较量的焦点。按照西汉帝位父死子继的礼仪，继承人应在武帝其他五个王子所生皇侄中挑选，主要人选有：广陵王胥长子刘霸、故燕王旦长子刘建和故昌邑王髆长子刘贺。刘胥品行不端，武帝时就明确把他排除在太子人选之外，其子刘霸自然也不合适；刘旦生前多次图谋不轨，事发后自杀，国除，其子刘建自然可以排除；相对其他人，刘髆父子均接受了良好的教育，无明显劣迹，且刘髆身份较为尊贵，生母李夫人在卫皇后被废后追封为孝武皇后，配祭宗庙，刘贺自然是最佳人选。各派势力经过一个多月的权衡，最终确定刘贺作为昭帝的继承人。权臣大将军霍光奏请上官皇后同意，拥立年仅 18 岁的刘贺，以昭帝嗣子身份主持昭帝丧礼。六月初一，刘贺在昭帝灵柩前接受皇帝玉玺，登上皇帝宝座，成为西汉第九位皇帝，同时尊上官皇后为皇太后。

刘贺即位后，一直沉浸在天上掉馅饼的亢奋之中，只看到皇帝的至尊地位和皇权的至高无上，对朝廷的诡谲、皇宫的凶险估计不足，在主观上对自己从诸侯王到皇帝这一身份转变的象征意义和责任变化缺少清醒的认识，不知收敛，延续着诸侯王时期骄奢淫逸的生活作风，不听大臣劝谏，与从原昌邑王国带来的旧部纵情享乐，违背圣道，甚至把原昌邑国的官员越级提拔为朝官，威胁到掌握实际政治权力的霍光集团的既得利益，引起了他们的不满。于是霍光暗中与车骑将军张安世商定发动宫廷政变废黜刘贺的计划，率领群臣联名向上官皇太后奏陈刘贺继位以来种种不轨行为及不适合当皇帝的过失。六月廿八日，霍光集团捕杀刘贺昌邑旧部 200 多人，上官皇太后在未央宫承明殿召见霍光等臣子，同意他们废黜刘贺的奏请，但皇太后同时又否决了霍光等朝臣依祖制把刘贺贬为庶人、发配到房陵县（这是西汉处置犯罪的刘姓宗室成员的一般方式，河涧王刘元、广川王刘海阳、济川王刘明、常山王刘勃、清河王刘年等有罪诸侯王，均被发配至房陵）的奏请，而是把他安置到原昌邑国王宫，原昌邑国的财产一并赏赐给刘贺，另赐汤沐邑 2000 户。

刘贺既没被封新爵位，也没被免为庶人，表明刘氏皇室宗人身份得以保留，《汉书》中称其为"故王"，这在当时是一个很特殊的处分方案，相比西汉前期被废的 2 个皇帝命运要好得多。公元前 184 年吕后废除并杀害少帝刘恭，公元前 180 年权臣周勃、陈平等废除并杀害少帝刘弘。刘贺凭着原昌邑王国财产以及自己受赐的 2000 户汤沐邑的租税收入，仍有条件过着钟鸣鼎食的奢侈生活。地节四年（公元前 66 年）九月，山阳太守张敞奉汉宣帝密诏探访前昌邑王宫时看到里面住的人除刘贺外，还有他的妻妾 16 人、子女 22 人以及奴婢 183 人。汉代宗室王侯因罪免爵、除国，多数情况下因骨肉之情，短期内便可以恢复原爵或加封其子孙，例如，汉昭帝元凤元年（公元前 80 年）燕王旦谋反，除国，汉宣帝本始元年（公元前 73 年）封燕王旦长子刘建为广阳王；宣帝本始四年（公元前 70 年），广川王刘吉犯罪自杀，除国，5 年后的地节四年（公元前 66 年），宣帝复封刘吉的孙子刘文为广川王。刘贺被免爵后，却没有得到这种待遇，没有被复封为昌邑王，被"软禁"在原昌邑王宫 11 年之后等来的是侯爵。元康三年三月壬子（十九日），汉宣帝颁布诏书，封刘贺为海昏侯，食邑 4000 户，但同时又规定不准刘贺参加宗庙祭祀、朝聘之礼，实质上是一个没有政治权利、仅能享有封国租税的列侯，也就是说，宣帝"复封"刘贺为侯，是大打折扣的复封。后因扬州刺史柯向朝廷揭发刘贺非法与原豫章太守卒史孙万世交往，心怀异志，图谋封王豫章，宣帝因此对刘贺加以严厉处罚，削减食邑 3000 户，租税收入减少了四分之三，刘贺封王豫章的美梦破灭，成了一名千户侯。神爵三年（公元前 59 年）九月乙巳（初八），海昏侯刘贺病逝，豫章太守廖以刘贺长子刘充国、次子刘奉亲相继病逝为由上奏朝廷，请求废除海昏侯国，经朝臣廷议后，汉宣帝下诏废除海昏侯国。初元三年（公元前 46 年），也就是刘贺病逝 13 年后，汉宣帝的儿子汉元帝封刘贺儿子代宗为海昏侯，海昏侯国得以恢复。

刘贺一生富有传奇色彩，他先后经历了诸侯王、皇帝、昌邑"故王"、列侯 4 种身份，人生大起大落，是中国历史上唯一集"帝、王、侯"身份于一身者，也是汉代唯一失去帝位而又善终者，被废黜后不但没有遭到诛杀，还过着富足的生活，最终在列侯任上病故。他在位仅 27 天，是历史上在位时间最短的皇帝；虽失去帝位，却仍拥有原昌邑王国的财富。也就是说，刘贺在从汉皇帝被废后，没有恢复昌邑王身

图 5　金币出土场景

份，但又能继续住在昌邑王宫，受赐原昌邑王国的所有财物，比如，"昌邑籍田"青铜鼎、青铜编钟、安车、褭蹄金、麟趾金等（图5），都是西汉诸侯王才可以拥有的物品。

相当一部分五铢钱串带有"昌邑令印"封检，为海昏侯国财富来源提供了一个新视角，兼具楬和遣册作用的封检，呈长条形，上端刻出"印齿"，穿钱的麻绳（当时称缗）头嵌入印齿，再填以封泥，压印"昌邑令印"，木楬正面墨书"海昏侯家钱五千"，每个封检包含一串五铢钱，每1000枚之间打一个绳结作计数标识，共5000枚。宣帝时期昌邑是山阳郡的属县，刘贺墓出土五铢钱带有此封检，表明系原昌邑王国时期昌邑县上交的租税收入，这部分五铢钱是刘贺受赐原昌邑王国财产的极好脚注（图6、7）。在刘贺封为海昏侯时，刘髆父子、两代昌邑王30多年所积

图6　"昌邑令印"木封检

攒的财物都带到了海昏侯国,海昏侯国因此就拥有了其他列侯都无法比拟的巨量财富。他死后,海昏侯国被废,家人沦落为庶民,昭示王侯身份的物品子女无权继承,只能埋入墓中,这便是刘贺墓出土文物极为丰富的主要原因。

■ 紫金璀璨

在对刘贺墓进行抢救发掘前,考古队员先行在其周围方圆 5 平方千米的区域进行了全面、系统的考古调查,并对海昏侯墓及其墓园进行了重点调查和勘探,确认了以紫金城城址、历代海昏侯墓园、贵族和平民墓地等为代表的海昏侯国遗存。结合文献记载,基本确认面积约 14 万平方米的紫金城址为汉代海昏侯国都城,宫殿区位于城东部,西部有后期扩建的附属城区,城墙外北面、西面、南面环绕护城河。紫金城西面和南面为墓葬区,其中墩墩山为刘贺墓园,花骨墩、祠堂岗、苏家山均有大型墓葬分布,苏家山墓园现存高大的园墙,这些区域可能为历代海昏侯的墓园(图 8)。

墩墩山刘贺墓园呈梯形,占地约 4.6 万平方米,以海昏侯刘贺墓(M1)和侯夫人墓(M2)为中心,由 2 座主墓、7 座祔葬墓、1 座外藏椁和园墙及相关礼仪性建筑构成。刘贺墓及其夫人墓同茔异穴,占据墓园最高亢、中心的位置,两墓共用一

图 7　五铢钱出土场景

个面积约 4000 平方米的礼制性高台建筑。该礼制性建筑由东西厢房（F13、F14）、寝（F1）和祠堂（F2）构成，其中寝边长约 10 米；祠堂东西长约 14、南北宽约 10 米（图 9）。

刘贺墓规模宏大，上有高达 7 米（相当于汉代的 3 丈）的覆斗形封土，下有 400 平方米坐北朝南的甲字形墓穴。从整体上看，其结构呈居室化倾向，属于西汉中晚期采用"汉制"埋葬的列侯墓葬（图 10 ～ 12）。

刘贺墓是我国长江以南地区发现的唯一一座带有真车马陪葬坑的汉墓，该墓本体规模宏大，椁室设计严密、结构复杂、功能清晰明确，对于研究、认识西汉列侯等级葬制具有重大价值；出土近 2 万件珍贵文物，是汉武盛世和昭宣中兴这一历史时段的重要物证，形象再现了西汉时期高等级贵族的生活；以紫金城城址、历代海昏侯墓园、贵族和平民墓地等为代表的海昏侯国一系列重要遗存，共同构成了一个完整的大遗址单元，这是我国目前发现的面积最大、保存最好、内涵最丰富的汉代侯国聚落遗址，是重要的历史文化遗产，具有重大展示利用和科学研究价值。

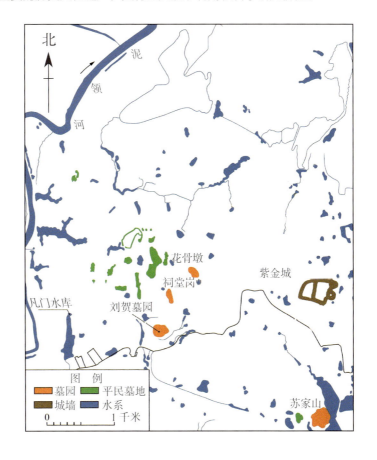

图 8　海昏侯国城址墓葬分布示意图

在"事死如生"观念支配下，西汉王侯陵墓的随葬品种类多、数量大，成为墓主人生前身份和地位的重要标识。刘贺墓出土金器、青铜器、铁器、玉器、漆木器、陶瓷器和简牍等各类文物近2万件及10余吨五铢钱，其种类之多、数量之大、品质之精，为西汉王侯墓考古所仅见（图13、14）。迄今为止，经过考古勘探、清理或发掘的西汉诸侯王及王后墓58座，列侯墓20余座，出土文物没有1座超过海昏侯墓，海昏侯刘贺墓园考古是西汉王侯陵墓考古成果的典型代表。

海昏侯墓出土的5200多枚竹简和近百版木牍在2000年后重见天日，是我国汉简的惊世大发现，更是江西考古史上的首次发现。出土的整套乐器，包括2堵编钟、1堵编磬和36件伎乐木俑，形象再现了西汉诸侯的用乐制度，反映了汉代继承《周礼》"诸侯轩悬"、乐舞"六佾"（36人）的乐悬、舞列制度。外藏椁出土的5辆实用安车、甬道内出土的属于导车性质的偶乐车、南藏椁出土的属于从车性质的多辆真车，直观

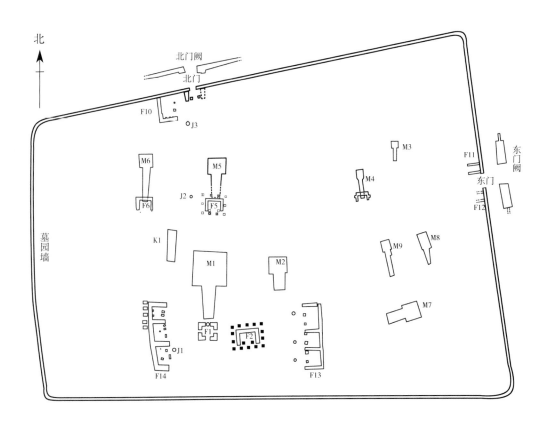

图9　刘贺墓园平面示意图

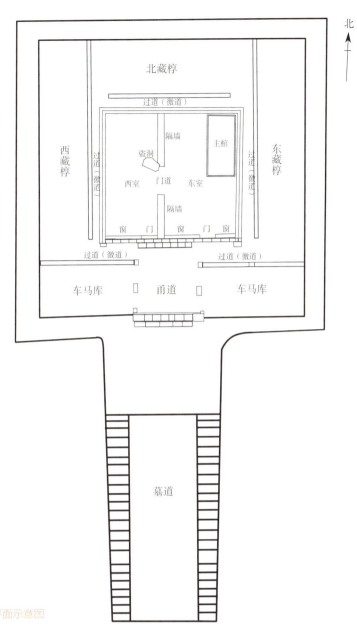

北

北藏椁

过道（徼道）

西藏椁

过道（徼道）

隔墙

盗洞

主棺

东藏椁

过道（徼道）

西室

门道

东室

隔墙

窗　门　窗　门　窗

过道（徼道）　　　过道（徼道）

车马库　　　甬道　　　车马库

墓道

图 10　刘贺墓平面示意图

图 11　刘贺墓主棺正射图

图 12　刘贺墓正射图

图 13　青铜染炉

再现了西汉列侯车舆、出行制度，尽显王侯威仪。特别是2辆偶乐车，一辆为金车，一辆为鼓车，这种"金车、鼓车并用"的组合为西汉列侯的车舆、出行礼仪作了全新的诠释。480件褭蹏金和麟趾金、饼金、钣金是我国汉代钱币考古史上保存最完整、种类最全、数量最多的一次发现，终结了关于褭蹏金与麟趾金一千多年来的争论。工艺精湛的玉器，错金银、鎏金铜器，图案精美的漆器，显示出西汉高超的手工业工艺水平，形象地再现了西汉时期贵族的生活时尚，是汉人思想意识、礼乐文明、审美情趣、社会生活的反映，具有极高的历史价值、艺术价值和科学价值。

图 14　龙纹漆盘

壹 一 汉仪汉制

《除海昏侯国诏》木牍

言出法随　诏告天下

尺　　寸：长 23.5、宽 3.0 厘米
质　　地：木
出土位置：刘贺墓主椁室西室

　　木牍出土于刘贺墓主椁室西室西侧，一件漆笥内贮存 10 块，保存较为完整，每块背面带有编号；因漆笥朽烂，有一部分木牍出现了位移，有若干木牍碎片在椁室塌毁时穿过西藏椁与西室之间的隔板，混入西藏椁的竹简内，这部分木牍保存状况较差，碎片大小不等，文字剥落严重，仍在缀合中。根据木牍的材质、形制、字体、文书格式和内容，结合其出土位置，可以基本确定为同一件文书。根据漆笥内 10 块木牍上的文字，辅之以拼缀的碎片，可以大体复原该文书的格式与内容。因在第"廿四"块中自铭为诏书，其内容记述刘贺死后海昏侯国被废除的史实，故可称之为《除海昏侯国诏》（图 1、2）。木牍呈长条形片状，天头 2.5 厘米，约 3 个字位置，地脚不留白，其中 2 块分别记录豫章郡和海昏侯国地方官员转发该诏书的木牍则顶格书写，不留白，单面双行右起直行书写，隶书，字迹工整，背面书写编号，最大的数字为"廿四"，再加上一块"侯家"者，全套共 25 版。木牍仍在保护中，处于饱水状态，长约 23.5 厘米，脱水干燥后应有所收缩，据推测，这批木牍长约合汉制 1 尺（23.1 厘米）、宽 1.2 寸（2.8 厘米），出土诏书类木简《王杖十简》《王杖诏令册》长度也在 23～24 厘米之间，均和汉代"尺一诏"的记载略有出入。

暴亂擾能之人不匡兵大祖
陛下恩德匝獨施怡設身而已矣

縣水早多磨害國前上宿為後者火滷臕劲上子兄二國二徒瓦復上
子奉現二彼扶瓦思天範之也僑曰義主怡仁而制仁者毳也爻

■ 西汉的皇命文书

秦汉时期，适合于大一统帝国统治的施政手段逐渐完善，文官制度获得高度发展，公文文书便是官僚行政管理的重要手段。秦代革新先秦文书体例，创立了新的文书制度。公元前221年，秦始皇统一六国，自封皇帝，称"朕"，将春秋战国以来各诸侯国君王使用的"命"改为"制"，"令"改为"诏"，以体现统一大帝国皇帝的独断专制，首次确立皇帝御用文书格式。汉代形成了一套成熟而又系统的公文体系，奠定了后世公文的基本制度。公元前202年，汉高祖刘邦命令叔孙通制定礼乐制度，规定皇命文书分策书、制书、诏书和戒敕4种，册封王侯，制施赦命，诏诰百官，敕戒州郡，标志着诏令文体正式定型，与官民奏章、官府行移公文、官府管理公文共同构成秦汉公文体系，诏令是汉帝国行政管理最为重要的公文品类，是皇帝意志、皇权专断的体现。

策书　策书是一种礼仪性的文书，一般用于封授诸侯王、三公，赐予受赐对象。东汉蔡邕《独断》中将策书之"策"解释为"简"，意即写在竹简上的文书。在书写格式上，策书在开头交代具体时间，然后以"皇帝曰"三字引出具体内容；策书用篆

图2　诏书出土场景

书写在竹简上，简有长短之分，长者 2 尺，短者 1 尺，一长一短排列，简中有两道编绳；策免三公之书则用 1 尺 1 寸长木牍，用隶书分两行书写，以示区别。策书因其适用对象有限，适用范围小，故数量较少。出土汉简中制、诏、敕三种形式均有，唯独没有策书，但传世汉代文献中有所保留，如汉宣帝所下《废霍皇后策》《策丙吉为丞相》和《策杜延年为御史大夫》等。《除海昏侯国诏》书写形式与策免三公相同，可互证，但长度仅 1 尺，而不是 1 尺 1 寸。

制书 制书是下达给官僚机构的命令文书，由命书演变而来，属于汉代最重要的皇帝命令文书。《独断》曰："制书，帝者制度之命也。其文曰制诏三公，赦令、赎令之属是也。刺史太守相劾奏，申下土迁书文亦如之；其征为九卿，若迁京师近臣，则言官具言姓名；其免若得罪，无姓。凡制书者有印使符下，远近皆玺封，尚书令印重封。唯赦令、赎令，召三公诣朝堂受制书，司徒印封，露布下州郡。"汉代制书大体可分为两类，一类是向全国发布的法令、政令，以"制诏御史"或"制诏丞相御史"起首。《汉书·外戚传》收录宣帝制书，"制诏御史：赐外祖母号为博平君，以博平、蠡吾两县户万一千为汤沐邑。封舅无故为平昌侯，武为乐昌侯，食邑各六千户。"出土简牍中的《王杖十简》《王杖诏令册》中有 3 条以"制诏御史"格式起首。另一类为下达给特定官僚机构或官员的法令、政令，起首格式一般为"制诏 + 具体命令的职官"，对象一般为将军、九卿、郡国守相等二千石及其以上高官，皇帝向京师属官、佐官及地方县令（长）等下诏令，不用制书（图 3、4）。《汉书·郊祀志》载汉宣帝神爵年间下达给太常的制书，"制诏太常：夫江海，百川之大者也，今阙焉无祠。其令祠官以礼为岁事，以四时祠江海洛水，祈为天下丰年焉。"任免三公、九卿、京师近臣、郡国守相，用制书来宣布命令。

秦代和西汉，制书往往与诏书并称，称"制诏"。从现存材料来看，区别在于发布的对象、方式。如《汉书·武五子传》收录了三篇制书，元平元年（公元前 74 年）昭帝死后，霍光以皇后名义拥立刘贺，用的是制书，只加盖了皇帝的玺印，"制诏昌邑王：使行大鸿胪事少府乐成、宗正德、光禄大夫吉、中郎将利汉征王，乘七乘传诣长安邸。"元康二年（公元前 64 年）宣帝遣使者赐山阳太守张敞玺书，"制诏山阳太守：其谨备盗贼，察往来过客。毋下所赐书"，也加了皇帝的玺印，这种制书带有密诏性质，只加盖皇帝的玺印，并派专人送达，不必像普通制书那样加盖尚书令的官印。

另外，"制"在诏令之中用于表示皇帝的至尊地位，在书写格式上多顶格书写。

《除海昏侯国诏》中，有一版，"制　　曰：下丞相御史""制"另起一行，顶格书写，后面空两格再写其他内容，与另一行起首齐平，这也是全套木牍中唯一一处顶格书写的。

诏书　汉代诏书功用与秦制相似，是告百官的文书。《独断》将诏书归纳为三种形式：第一种为皇帝直接向官员下达的命令，与制书形式类似，以"告某官"起首，

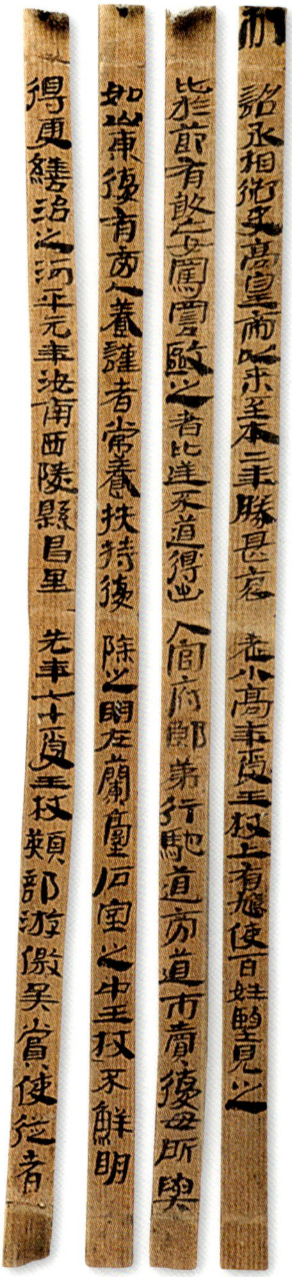

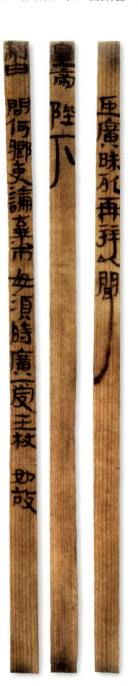

图 3　《王杖十简》
（武威磨嘴子汉墓出土；甘肃武威市博物馆藏）

图 4　《王杖诏令册》
（武威磨嘴子汉墓出土；甘肃武威市博物馆藏）

是制书的补充，用于命令特定官员时，对象应为千石及以下官员，宣帝下达的54篇诏书多数属于此种。第二种由奏章文书、"制曰"和皇帝的批示三部分构成，实际是皇帝对臣民奏章的批阅。汉代的奏章都要经过尚书台传递到皇帝手里。一般来说，尚书令在上呈奏章之前，会在文书末另附一支竹简、顶格题写"制曰"二字，待皇帝批阅。"制曰"后面是皇帝的批示。由于奏章所涉内容庞杂，因此皇帝的批示自然多样，"可"与"下某官"仅仅是皇帝批示的两种类型。一种是皇帝直接做出最终裁决，如《汉书·武五子传》，宣帝神爵年间，扬州刺史柯上奏刘贺的违法言行，有的官员请求逮捕刘贺问罪，宣帝直接给出裁决意见，"制曰：削户三千"。另一种是皇帝为慎重其事，令有司讨论，有时要经过多次廷议，意见才能得到皇帝许可。《汉书·景十三王传》载，汉宣帝本始三年（公元前71）年《除广川王国诏》的形成，就经过了两次廷议。有司上奏广川王刘去违法行为，宣帝直接给出裁决意见，处罚广川昭信王后。有司对这一处理意见不满意，再次上奏要求处死广川王，宣帝仍没有采纳，"制曰：其与列侯、中二千石、二千石、博士议。"廷议后有司仍然坚持法办广川王，宣帝"制曰：朕不忍置王于法，议其罚。"有司只得作出让步，给出废除广川王国，发配广川王到上庸的处罚建议并得到了宣帝批准。总之，"制曰"是皇帝批答的标志，"制曰"后面的文字不论为何，都与其前的臣民奏章共同构成诏书（图5）。"制曰"是皇帝的专用文书，其他人用了是大逆不道的行为，比如，《汉书·景十三王传》记载刘长的罪状中有一条就是"称制，自作法令"。在汉昭帝死后，上官皇太后废立昌邑王刘贺时身份等同皇帝，她在批准霍光等朝重臣废黜刘贺帝位的《奏废昌邑王》时，用的是"诏曰可"，并没有用"制曰可"，足以说明"制曰"的御用特性。第三种是皇帝对奏章批示"已奏如书"，表示认可奏章，与"制曰可"性质相同，此种格式在文献记载和出土材料中均未见实例。《王杖诏令册》《王杖十简》是简册类诏书，《除海昏侯国诏》是木牍类诏书，也是此类诏书的首次出土。二者虽然书写形式不同，但长度均为汉尺1尺，没有达到1尺1寸，"尺一诏"也许是东汉的制度，西汉时未必如此。

戒敕 戒敕用于告诫刺史、太守及三边营官，戒敕文书通常涉及地方具体事务，属于皇帝对官员所下的督责和敦促文书，受书者往往及时回奏。戒敕以"有诏敕某官"起首，后接敦促、警示官员的话，起问政督责作用，以神爵元年（公元前61年）宣帝《敕让赵充国书》较为典型。赵充国接到敕书后立即上书谢罪，并向皇帝详细陈述自己对平定西羌的看法。

图5 "制曰"木牍　　　图6 "二"木牍　　　图7 "三"木牍

■ 品读《除海昏侯国诏》

全套诏书共 25 版，第 1～14 块第一行为第一部分，属于百官联名的《奏绝海昏侯国后》。其中第 1～4 块罗列了参与上奏的百官名单，接着列举朝廷对刘贺的恩宠以及刘贺的种种不法行为，建议不为海昏侯国立嗣（图 6、7）。第 14 块第二行开始为第二部分，"制曰下丞相御史中二₌千₌石₌博士"，木牍的大致意思是：汉宣帝收到该奏章后为审慎以见，下令丞相、御史大夫等百官召开公卿会议专题讨论，拿出具体处理意见。前述本始三年（公元前 71 年）宣帝处理有司上奏废除管理 17 个县、65556 户的广川王国，法办广川王刘去时，下令参加廷议的百官有列侯、中二千石、二千石、博士，属于九卿及其以下的朝官，处理食邑仅 1000 户的海昏侯国废存问题，参加廷议的官员远比处理诸侯王国级别要高，位列三公的丞相、御史大夫也参加了，因为第 1 块木牍残缺了三分之二以上，按当时官员通常是以官秩高低为序的规定，可知"太常臣昌"前缺失的应为三公、列侯和部分九卿的名字。从第 14 块第二行下半段至第 21 块，为第三、四部分，即丞相丙吉、御史大夫萧望之等公卿百官的回奏与宣帝的最终裁决意见。从《汉书》的相关记载与刘贺墓园、刘贺墓考古发现来看，宣帝采纳了公卿废除海昏侯国的建议，批复意见可能为："奏可。以列侯礼葬贺"。第 22～25 块为第五部分，属于该诏书的附件，分别为御史大夫下丞相、丞相下郡国、豫章郡下都尉县侯国、侯国下侯家的公文转发记录。这一部分木牍，长度比诏书正文要短 0.5 厘米，书写方式也不同，天头不留白，顶格书写以与正文区别。

除国诏书的流程为"百官联名上奏—宣帝令公卿廷议—公卿廷议后回奏—皇帝批复"，诏书形成后由御史大夫向下逐级转发，有着清晰的成文过程与转发记录，基本构建出较为完整的汉代高等级文书成文流程与下发体系。除国诏书与《汉书·武五子传》废除海昏侯国的相关史实相近："豫章太守廖奏言：舜封象于有鼻，死不为置后，以为暴乱之人不宜为太祖。海昏侯贺死，上当为后者子充国；充国死，复上弟奉亲；奉亲复死，是天绝之也。陛下圣仁，于贺甚厚，吊舜于象无以加也。宜以礼绝贺，以奉天意。愿下有司议。议皆以为不宜为立嗣，国除。" 但又有一定出入，比如，木牍有"称奉海昏侯""罢归使者""今贺淫""削邑户三千，贺不悔过，毋须臾间自责。妻、子死未葬，常饮酒醉"等语，说明百官联名上奏时刘充国死了，刘贺还健在，但可能病危，据同墓出土《悼亡赋》竹简，八月十一日刘贺重病，神志恍惚，于是家吏代表刘贺向主管侯国立嗣事务的大鸿胪上书，改立刘奉亲为海昏侯国嗣子，派使者到长安办理此事。大鸿胪在处理海昏侯府这份上书时，可能没有按照惯例给出立嗣批复，内部出现了不同意见，于是有了百官联名上奏，不赞同为刘贺立嗣，因此这部分奏书可称为《奏绝海昏侯国后》（图8～10）。在处理这一奏书的过程中，恰好收到了豫章太守有关刘贺九月初八死讯的奏书。此时，海昏侯国的立嗣问题不能再拖了，必须有一个明确的态度，于是宣帝命令召开公卿会议讨论，决定海昏侯国的存废。在

图8 "六"木牍　　　　　图9 "天子"木牍　　　　图10 "九"木牍

公卿会议上，大臣们以天人感应思想为据，认为刘贺父子相继病死，是天要灭绝海昏侯国（图 11、12）。

汉代郡国并行，诸侯国众多，其中不乏除国者，如汉武帝元鼎五年（公元前 112 年）九月，以酎金不合格为由，皇帝直接下诏废除 106 个侯国。但废除海昏侯国事件中汉宣帝表现出来的审慎态度是《汉书》中仅见的一次，既有百官的奏书、公卿的廷议，又有宣帝的裁决意见，应当有更深层的政治考量。笔者以为，废除海昏侯国是对刘贺

图 11 "十九"木牍　　　　　图 12 "太守廖"木牍

废立事件的呼应，符合汉宣帝及公卿百官的政治利益与现实需要，《除海昏侯国诏》中众多官员的署名，就是这一政治态度的体现。从署名百官的资历来看，多是刘贺废黜事件的受益者，或是此事参与者的家属与部属。他们赞同废除海昏侯国，是对废黜事件合法性的重申，也是对汉宣帝的政治效忠。《除海昏侯国诏》上署名的官员有19人，部分见于《汉书》。麒麟阁十一功臣中有10人参与了刘贺的废立，在废立事件15年之后，至少有丞相丙吉、御史大夫萧望之、宗正刘德、少府梁丘贺4人，又不同程度地参与了废除海昏侯国事件；此外，确知名姓的官员还有于定国、王禹、张敞、陈万年、冯奉世、杨谭等，引人瞩目的是太子的老师"宽"、上官皇太后的属官长信少府"未央"这两名身份特殊的官员也参与了《奏绝海昏侯国后》的起草（图13）。刘贺被废后又能保住性命，得益于上官皇太后的庇护，刘贺被封为海昏侯后，常给上官皇太后上章，倾诉心愿。长信少府"未央"参与此事，代表的是上官皇太后的态度，足以影响一批人；太子的老师"宽"是太子教育的辅导人，未来太子登基做皇帝，老师是辅政者，太子的老师"宽"参与此事，减少了此事未来翻案的可能性，因此太子的老师"宽"具有风向标作用，足以影响那些观望者。从汉宣帝的角度来看，作为废立事件最终受益人，不便直接出面决定海昏侯国的除国之事，否则有迫害之嫌，经廷议后，由公卿百官共同提出除国的意见，就可以撇清自己独断专行、打击报复的嫌疑。

图13 "长信少府"木牍

■ 公文逐级传递

秦汉时期依靠通达全国的邮驿系统逐级传递公文，有效管理庞大帝国的军政、社会事务，形成了一套运行有序的公文制度。

汉代文书逐级下达和上呈，一般不越级，下行公文之后通常附有下行文辞。居延汉简中有 2 枚简记载了宣帝元康五年（公元前 61 年）二月诏书发布的流程为：皇帝先下御史大夫，御史大夫下丞相，丞相下车骑将军、中二千石、郡太守、诸侯相，郡太守下郡国都尉、农都尉、部都尉，最后由都尉下达到候官。下行文辞中通常有套话"承书从事下当用者如诏书"，是因为诏书往往针对某一事务所发，究竟哪些机构适用则由相应主管机构确定转发对象。《除海昏侯国诏》从皇帝到御史大夫、丞相、豫章郡这三个下达环节的相关文书还在缀合中，情况不明，但豫章郡收到该诏书后的转发情况，编号为"廿四"的木牍有详细记载，十月甲申（17 日）由豫章郡太守廖下发给都尉和相关县、侯国，从编号为"侯家"的木牍可知豫章郡把该诏书转发给都尉府和与此事直接相关的海昏侯国（图 14）。海昏侯国收到豫章郡下发公文后，十月丙戌（19 日）由相、丞共同签发，及时转发给海昏侯府和设在鄡阳县城的太守府督邮书掾别治，转发给海昏侯府的一套在木牍背面书写"侯家"做标识（图 15）。在汉代，为了有效监督地方行政、文书等事务，强化对县、乡的管控，郡太守往往把一郡划分为数个督察区，分部别治，任命督邮书掾分管一方事务。出土简牍材料表明，长沙郡设立了东西南北中 5 个督察区。西汉豫章郡太守府在鄡阳县城设立别治，这一史实在文献中没有相关记载，出土诏书可补文献记载不足。西汉豫章郡治城设在南昌县城，都尉治所则设在南昌城以南、赣江中游的新干县城。鄡阳县城位于南昌城以北，赣江下游番水、余水与赣江的汇合处，系兵家必争之地，也是设太守府别治、派出督邮书掾负责本郡北部事务的首选之地。这里与海昏侯府仅一江之隔，是离海昏侯府最近的一处城池，可以对侯府起到监视作用。

西汉时期各级官府行移公文，由该官府长官签发，对所发文书负责，公文结尾有经办人署名，一般为掾、卒史、令史、书佐等佐吏。编号为"廿四""侯家"的木牍显示，豫章郡收到该诏书后，由太守廖、都尉丞霸签发，经办人包括掾宽、郡守卒史宽、书佐千秋 3 人；海昏侯国转发的文书由守相宜春县长千秋、守丞建城尉同签发，经手人包括掾延年、守令史万年 2 人。西汉官职名前加"守"，意即代理，分两种情况，第一种为处于试用期，有一些职位有试用期，如果试用不称职，就要回到原职。比如由地方主官调任三辅主官或升任九卿，皆称"守"，第二块木牍"守执金吾南阳太守臣贤"，说明南阳太守贤升任执金吾，由二千石地方官升任中二千石朝官，还在试用期，所以新任职"执金吾"前面要加"守"，后面还有原官名"南阳太守"。官员试用期一般为1年，期满考核合格后才能去掉官职名前的"守"和后面的原官名，称"满岁为真"。第二种情况为临时代理，如果朝廷任命了临时代理者，就可以去掉"守"，如果朝廷任命的是其他人；"真官"到职，"守官"回归原职。

图14 "廿四"木牍　　　　图15 "侯家"木牍　　　　图16 "七"木牍

西汉县一级行政区，"相"与"长"为同一职级，官秩有高低，超过1万户的县设"令"，官秩为1000～600石，不满万户设"长"，官秩为500～300石，侯国设"相"，官秩为400～200石，令（长、相）之下设属官"丞"与"尉"，分别协助令（长、相）处理当地的行政和军警事务。据尹湾汉简记载，西汉东海郡18个侯国相官秩，4人为400石，14人为300石；丞、尉的官秩均为200石。海昏侯国的情况可能与此相似，侯国相官秩最多400石，丞的官秩200石。宜春县长、建城县尉调任海昏侯国"相""丞"，职级相同，官秩不变，称"守相""守丞"，说明这二人的转任属于临时守缺性质，同时也表明神爵三年（公元前59年）十月该诏书下发前短时间内，海昏侯国官场出现了大地震，原国相、丞突然离职，临时指派宜春县长千秋、建城县尉同来守缺，或许与海昏侯国削户三千一事有关。当时海昏侯刘贺与豫章郡卒史孙万世交往过程中，双方有过大逆不道的言论，此事不是由海昏侯国的官员向朝廷上奏，而是被扬州刺史柯揭发，查实后，相关部门奏请逮捕刘贺问罪，汉宣帝没有采纳这一建议，而是削减食邑以示处罚，下诏把海昏侯国的食邑4000户削减为1000户，这属于很重的处罚，但《汉书》没有记载地方官员受处罚的情况。我们认为刘贺的废立一事在西汉宣帝时期属于"禁忌"，刘贺与豫章郡卒史孙万世在海昏侯府谈论此事，海昏侯国的官员负有失察责任，受到处罚是必然的，由于西汉时期县级长吏的任免权在朝廷，太守廖只能临时从海昏侯国邻县抽调宜春县长千秋、建城县尉同代理侯国相、丞职位，主持侯国事务，所以称"守相""守丞"。

《独断》中记录了策命、策免两种文书的书写形式，对诏书、制书、戒敕的书写形式没有交待。《除海昏侯国诏》的出土，让我们得知西汉时期除国诏书与一般的诏书在书写形式上有区别，一般诏书用简，如《王杖十简》《王杖诏令册》。《除海昏侯国诏》木牍是考古出土的首份西汉除国诏书实物，属于标准的"罪免"诏书，书写形式与策免相同，即一尺长木牍、双行隶书。该诏书记录了刘贺及其家族、昌邑王国与刘贺去世后海昏侯国被废除的史实，其中一些内容为史书失载，如刘贺"九月乙巳死"，昌邑王国"合六县以为国"，海昏侯国"数水旱，多灾害"等。刘贺死于"九月乙巳"，即公元前59年的九月初八，可补《汉书》记载之缺失。据《汉书·张敞传》，宣帝时期昌邑国被废除后改为山阳郡，有"户九万三千，口五十万以上"，但没有记载所管县的情况。第七块木牍有"中国富饶之地，合六县以为国"之句，可知刘贺的昌邑王国包括6个县（图16）。

"刘贺"螭纽玉印

方寸信物　解密墓主

尺　　寸：高 1.5、印面长 2.1 厘米
质　　地：和田白玉
出土位置：刘贺墓内棺中部 刘贺遗骸腰部

　　"刘贺"螭纽玉印出土于刘贺墓内棺中部刘贺遗骸右腰外侧，属于刘贺随身佩带的私印。印文"刘贺"二字，是确定墓主身份最直接的物证（图1、2）。

　　该印是汉代常见的方寸印，上等和田白玉籽料，坚硬致密，滋润莹秀，纯净无瑕，印纽有少量褐色皮。高浮雕回首侧视幼螭纽，螭首作三角形右侧式，曲耳，弯眉鼓眼，尖嘴，长髭毛，躯体呈C形，饰鳞状纹，尾卷曲；左腿拱起外蹬，右腿紧贴躯体，二爪，设计精巧，利用玉料原有的褐色玉皮巧雕为螭首和螭腹局部，形成色彩对比。螭腹下方对穿一桥形孔，以穿系印绶，佩于腰带上。印台上部有四面坡，为盝顶方形，光素无纹。印面呈正方形，阴刻缪篆"刘贺"二字，左右等分，四周留有"通道式"余地，没有边框和界格，空间分割不尚奇，不竞巧，追求布白匀适、虚实均衡；结体严整方正，构架横平竖直，似殿宇梁柱；笔画饱满，粗细均匀，深浅一致，起收笔处多为方起方收，静穆而无怒气，雄健而无锋芒，显示出方朴端重的艺术风格，与同墓所出"清白"连弧纹镜铭文风格相近，属于西汉后期一种富有时代特色的篆隶式美术字，东汉许慎《说文解字》中称之为缪篆。此印通体打磨光亮，玉质之精美，螭龙造型之生动，字体之规整，雕琢技法之精致，都是十分罕见，印体虽小，气势却大，有浑然天成之美，透出西汉鼎盛时期的雍容气度，属汉代玉印之精品。

螭（chī）：
传说中的龙生九子之一，一种没有角的龙。
常用于古代建筑及工艺品的装饰纹样。

图1　"刘贺"螭纽玉印

■ 古代的"玺"和"印"

我国古代玺印制度可追溯到商代晚期，起源于商代的族徽铭文，出现于春秋战国时期，历代沿用，流传至今。印章在春秋战国时期称"玺"，秦代规定皇帝之印称"玺"，其余称"印"。汉代皇帝、皇后、诸侯王之印称"玺"，其他称"印"或"章"。印本是人们作为认证身份、地位的信物，故有"印，信也"之说，是指各级机构、官吏和庶民的信物凭证，有"玺""印""印信""章""印章"等不同名称。

先秦印玺从简单的符号、工官、地名、官署等内容的戳记，发展到古拙、图案化的商代铜印、玉印，再到春秋战国形制各异、文风率性的古籀小玺。此时印章没有统一的范式，也无尊卑之别。据《汉旧仪》记载："秦以前民皆佩绶，以金、银、犀、象为方寸玺，各服所好。"秦统一六国，统一文字，确立玺印制度，规定只有天子之印称"玺"，用玉制作。

印章由印纽、印台两部分组成，印纽形制多样，有鼻纽、瓦纽、桥纽、动物纽等数十种之多，时代特征较为明显，是权力、等级的标志。秦代把螭虎纽确立为皇帝之玺的专用纽式，此后为古代中国历代王朝沿用。印台底部刻字，称为印面，印面多为正方形，称"通官印"，长方形的称"半通印"，此外还有圆形、菱形等形体。印文有铸、刻之别，又有白文、朱文之分；印文字体变化多样，有大篆、秦篆、缪篆、隶书、鸟虫书、九叠篆之别；从材质来分，有铜、石、玉、金、银等，铜是两汉时期

图2 "刘贺"玉印出土场景

最为常用的印材。

西汉文帝时期规定二千石以上高官用龟纽银印，这一纽式成为整个汉代的通制；一千石以下的官吏用瓦纽铜印，二百石以下的官员用鼻纽半通铜印（图3）。西汉王侯墓，一般都出土黄金官印，比如，江西莲花县西汉安成侯墓就出土了一方"安成侯印"龟纽金印（图4）。刘贺墓与其他诸侯王墓相比，缺少金质官印，这可能与刘贺下葬时海昏侯国已被废除，官印被朝廷收回有关，刘贺的列侯身份已经成为过往，自然不允许制作金质官印明器殉葬。

图3　"缯丞"鼻纽半通青铜印
图4　"安成侯印"龟纽金印

■ 汉官印与私印

印章就归属来分，有官印、私印，官印是任官和官署之印鉴，是身份、等级、爵位、权力的象征；私印为个人所铸刻、使用，有姓名印、吉语印、肖形印、箴言印和鉴藏印数种。

秦汉时期，印章极为兴盛，无论是多样的形式、变化的字体，还是制作水平，都达到了空前的高度，成为后世篆刻艺术的典范，具有很高的史料价值和艺术价值。汉武帝于元狩四年（公元前 119 年）、太初元年（公元前 104 年）先后两次规范印章制度，对官印的大小、形制、材料、纽式都做了明文规定，形成汉印风范。西汉后期，印面界格、边栏消失，印面增大，多为白文刻款。新出带名号的二面印和缪篆、鸟虫书等美术字体印。此时玺印之所以为白文，与印的功能有关。当时，纸张还没有普及，帛又太珍贵，书写的材料以取材方便制作简易的简牍最为常见，公文与私人信件一般要封检，白文印压印在封泥上，显出朱文字样，易于辨识。

西汉中晚期至东汉前期，私印制作达到巅峰状态，上至皇帝、后妃，下至王国、郡县的贵族都喜欢以玉、玛瑙、琉璃等玉石质材料琢印，以玉为印在当时是身份和地位的象征。据不完全统计，传世汉代玉印约 500 方，可见汉代玉石质印玺的珍贵罕有，其中只有吕后墓园出土的"皇后之玺"和西汉早期的"淮阳王玺"两印为官印，其他均为私印，"刘贺"玉印即属于私印。

汉私印纽式亦繁富多样。除常见的鼻纽、瓦纽、龟纽外，覆斗纽、鹿纽、马纽、羊纽、蛙纽等都是私印的纽式创意，以覆斗纽居多，表现了充满生活情趣的艺术构思，赏玩的意味明显，比如南越王墓出土的"赵昧"玉印、"泰子"玉印、"赵蓝"玉印等 3 方私印以及长沙马王堆 2 号墓出土的"利苍"玉印均为覆斗纽。由此可见，"刘贺"玉印在纽式选择上走的是一条舍简趋繁、避易就难的路子，同样的情况也见于刘贺长子刘充国墓出土的一方"刘充国印"龟纽银印（图 5）。西汉螭纽玉印，除"刘贺"玉印之外，目前仅见"皇后之玺"玉印和中山靖王刘胜墓出土的一方无字玉印，"刘贺"玉印采用皇帝玺印才能使用的螭纽造型，在汉武帝时期规范印章制度之后的私印中罕见。但是伴出的"大刘记印"玉印及一方无字玉印，纽式皆为与刘贺身份相称的龟纽（图 6）。

图 5　"刘充国印"龟纽银印
图 6　"大刘记印"龟纽玉印

褭蹏金与麟趾金

上天祥瑞　汉武气度

尺　　寸：大号褭蹏金长径 5.7～5.9 厘米；
　　　　　小号褭蹏金 2.5～3.3 厘米；
　　　　　麟趾金长径 5.3～5.9 厘米

重　　量：大号褭蹏金 237～283 克；
　　　　　小号褭蹏金 38～39 克；
　　　　　麟趾金 76～83 克

质　　地：金

出土位置：刘贺墓主椁室西室、外棺头箱
　　　　　刘充国墓主棺 遗骸双手中

褭蹏（niǎo tí）：

亦作"褭蹄"，指天马的蹄。

刘贺墓园出土褭蹄金、麟趾金、饼金、钣金，共 4 类 480 件，包括文献记载的所有汉代金币品种，钣金系首次出土，这是汉代考古出土金币数量最多、种类最全的一次，总重约 115 公斤，折合汉代 460 斤，超过了此前历次出土汉代金币的总和（图 1）。

图 1　汉武帝改铸的麟趾金、褭蹄金

■ 裹蹏金与麟趾金

裹蹏金因形似马蹄，俗称马蹄金，共出土 50 枚，其中大号 17 枚，小号 33 枚；刘贺墓出土 48 枚，刘充国墓出土 2 枚。大、小裹蹏金造型、装饰相近，呈马蹄状，圆底，中空、斜壁，前壁高，后壁低，呈一斜面。空腔内不见金属液体流动的纹路，呈麻砂面，系铸造过程中金液包裹陶质内芯所形成的铸造态；腔体外为打磨光洁的黄金镜面形态，底部和侧面有模仿马蹄纹理的凹刻线条，系后期手工凿刻、抛光加工所致；口沿外侧采用掐、攒、填、焊等多种细金属工艺铸接或嵌接黄金掐丝纹带一圈；口沿内侧有 4 个近似对角分布的突出楔形小隼头，用于承托镶嵌琉璃片或玉片、蛋白石片之类美石，以琉璃片居多（图 2）。

大裹蹏金 17 枚，口沿外侧由 4 组纹饰组成纹饰带一圈，第一组、第三组为滚珠丝纹，第二组为滚珠丝制成的套珠纹，系主体纹饰，第四组为码丝纹。制作工艺考究，灵活运用了掐、攒、填、焊花丝技法等细金工艺中的花丝工艺，花丝种类有赶珠丝、金珠、码丝等（图 3）。外底铭文有铸字和贴字两种，底部铸字者有"上""下"，贴字者只有"中"字（图 4）。经检测，"上"铭裹蹏金重约 250 克，"中"铭裹蹏金重约 240 克，"下"铭裹蹏金重约 245 克。

小裹蹏金 33 枚，口沿外侧装饰风格与大裹蹏金不同，由滚珠丝、正花丝、反花丝、巩丝等 5 组纹饰组成纹饰带一圈（图 5）。外底部分为有字和无字两类，有字者 32 枚，无字者仅 1 枚。与大裹蹏金一样有铸字和贴字 2 种，铸字者有"上""中""下"3 种；贴字者只有"中""下"2 种。

麟趾金共 25 枚。中空，长斜壁，椭圆形底，形似一只狭长窄尖的靴子，后侧有一金丝攒成的花蕾状凸起，口沿内侧隼头的设置与裹蹏金相近，口沿外侧饰黄金掐丝纹带，由 7 组纹饰组成，主体纹饰为一周巩丝，上下界以由正花丝、素丝、反花丝构成纹饰带（图 6、7）。外底部分为铸字和无字两类，铸字者 24 枚，无字者 1 枚。铸字有"上""中""下"3 种（图 8）。

经科学检测，大裹蹏金纯度约 99%，小裹蹏金纯度约 98.6%，麟趾金纯度约 98.9%。裹蹏金、麟趾金，集中出土于刘贺墓室 2 个区域，一处为主椁室西室最北部放置榻的地方及榻下，一件漆笥内就出土了大裹蹏金 5 枚，小裹蹏金 10 枚，麟趾金 10 枚，码放有序；另一处在外棺头箱，在一件漆笥内盛放大裹蹏金 12 枚，小裹蹏金 21 枚，麟趾金 13 枚（图 9）。它们与饼金、钣金不混放，表明在当时人们心目中裹蹏金、麟趾金属于一类特殊金币，与饼金、钣金不同（图 10）。

图 2　镶嵌白玉片裹蹏金

图 3　大裹蹏金纹饰

图 4　带铭文裹蹏金

图 5　小裹蹏金纹饰

图 6　镶嵌琉璃片麟趾金　　　　图 8　带铭文麟趾金

图 7　麟趾金纹饰

图 9　装裹踇金与麟趾金用的漆笥底部

■ 钣金

钣金共出土 20 枚，盛放在一件漆笥内。呈薄片状，每枚钣金的大小、重量不一，有的还留有剪切痕迹，表明此类金器是财富的象征，既可以作为金币或金器制作的原料，又可作为称量货币，可随时因支付或兑换铜钱需要而剪切相应重量（图 11）。经科学检测，钣金的纯度约 99.9%，在同墓所出黄金中，纯度最高。

图 10　褭蹄金、麟趾金与饼金出土场景
图 11　钣金出土场景

■ 破解褭蹏金与麟趾金之谜

褭蹏金、麟趾金始造于汉武帝太始二年（公元前 95 年），是汉武帝为神化"天马""白麟"和"黄金"三件祥瑞事件而铸造的黄金纪念币，是对白麟和天马蹏趾形状的模仿。那么，当时发现的白麟和天马是什么样的动物呢？学术界对汉代考古出土金币如何与文献记载的饼金、麟趾金和褭蹏金对应而给出相应定名，一直存在分歧。刘贺墓中这类镶嵌黄金掐丝纹饰带、口部镶嵌玉片或琉璃片的褭蹏金和麟趾金成批出土，立即引起了学术界尤其是古钱币界的极大关注。刘贺墓褭蹏金和麟趾金与考古界、古钱币界所认定的褭蹏金、麟趾金完全不同，颠覆了当前学界的传统认知。

其实，这类褭蹏金和麟趾金并非首次问世。早在 1973 年，河北省定县中山怀王刘修墓曾出土金饼 40 块、掐丝贴花镶琉璃面大小褭蹏金（原考古简报称之为马蹄金）各 2 枚、掐丝贴花镶琉璃面麟趾金 1 枚（图 12）。

该墓出土 3 类金币，与刘贺墓相比，仅缺少钣金，所出褭蹏金、麟趾金造型、纹饰、重量与刘贺墓出土的同类金器相近，当年发掘者正确地把它们定名为金饼、马蹄金和麟趾金，本该是具有里程碑意义的考古发现，只是当时没有引起学术界足够的重视而已，与揭开褭蹏金、麟趾金神秘面纱的机缘失之交臂，直到刘贺墓再次出土此类物品时才重新受到人们关注。

关于麟趾自古有不同的解释。褭蹏金、麟趾金铸造于汉武帝时期，应从汉代文献记载中寻找答案。关于褭蹏，《汉书·武帝纪》注引应劭曰："古有骏马名要褭，赤喙黑身，一日行万五千里。"可知要褭为汉代良马的专用名，"蹏"是"蹄"的异体字，所以褭蹏即天马蹄。在唐代，颜师古为《汉书·武帝纪》作注时将"褭蹏"改为"马蹄"，后世以讹传讹，于是就有了马蹄金的称呼。"褭蹏"不是普通的马蹄，应是特指武帝所说的天马蹄，故定名为褭蹏金更接近汉武帝更名黄金的本意，也使得它们更珍贵，如果将其随便写成"马蹄金"，就淡化、湮没了天赐祥瑞的寓意。

《史记·孝武本纪》记载："其明年，郊雍，获一角兽，若麃然。有司曰：'陛下肃祗郊祀，上帝报享，锡一角兽，盖麟云。'于是以荐五畤，畤加一牛以燎。赐诸侯白金，以风符应合于天地。"这是司马迁记载本朝事，应该可信，说明当时发现的"一角兽"形似麃，人们认定是麒麟并作为祭祀五畤的祭品。"麃"，《史记集解》韦昭曰：楚人谓麋为麃，即现代生物学上属于偶蹄目的鹿科动物，其蹄子的特点是第三和第四趾特别发达，长短相等；第一趾完全退化，第二和第五趾不发达或缺如，人们在视觉上看到偶蹄目动物每足仅两个凸显的脚趾瓣。

过去出土的所谓麟趾金，按其文字描述和图版所示的形状，皆为马蹄状，有时甚至把饼金称为麟趾金，且这些金币时代均早于汉武帝时期，有的甚至早到战国时期，与汉武帝改铸褭蹄金、麟趾金的相关记载不符合，也就是说，考古出土的所谓中空型"褭蹄金、麟趾金"，只要时代早于汉武帝时期，均不正确（图13）。如果按照汉代人所说麟足为五趾，就不可能是圆蹄，而是可以分瓣的五趾。刘贺墓褭蹄金呈马蹄形状，所出麟趾金，近似趾瓣的形状，度其大小和比例应是兽趾，是对偶蹄目鹿科动物脚趾单个趾瓣外形的模仿，花蕾状凸起象征退化的一趾。

据《汉书·武帝纪》，太始二年（公元前95年）三月，诏曰："有司议曰，往者朕郊见上帝，西登陇首，获白麟以馈宗庙，渥洼水出天马，泰山见黄金，宜改故名。今更铸黄金为麟趾褭蹄以协瑞焉。因以班赐诸侯王。"说明铸造褭蹄金、麟趾金的目的，是为了协调"嘉祉"，彰显"祥瑞"；褭蹄金、麟趾金的赏赐对象是诸侯王，也就是说，拥有褭蹄金、麟趾金的人十分有限，属于仅诸侯王才拥有的珍物，不作流通之用，这也是麟趾金、褭蹄金罕见的原因所在。西汉贵族墓中，往往出土仿照饼金、五铢钱制作的泥质、铅质、锡质冥币，但没有发现过麟趾金、褭蹄金的仿制品。由此可见，此前也有带有纪念性质的黄金，只是名称不叫"麟趾、褭蹄"，汉武帝时期因获得天马、

图12　刘修墓出土褭蹄金和麟趾金
图13　汉武帝改铸黄金以前的中空型金币

麒麟，把此类金币重新定名定型，名称改为"麟趾、褭蹄"，形状也进行了重新定型，麟趾金、褭蹄金首次铸造时间是汉武帝太始二年（公元前95年）。麒麟是一种具有神秘政治色彩的神物，是太平盛世的象征；汉武帝太初元年（公元前104年）首次创立年号纪年制度，对此前的6个纪元，采纳臣子的建议，用该纪元内重大祥瑞事件作为追记年号的依据，分别为建元、元光、元朔、元狩、元鼎、元封，第四个年号"元狩"，就是为了纪念该纪元第五年在陇首打猎时抓到了一只白色麒麟一事，也就是说，"获麟"是汉武帝第四个纪元6年内最重要、最值得称颂的祥瑞事件。西域良马为汉武帝所渴求，元鼎二年（公元前115年），张骞奉命出使西域归来，献上乌孙良马数十匹，武帝把它们命名为天马。元鼎四年（公元前113年），敦煌进贡良马，武帝命人作《天马之歌》，说敦煌野马是太一神所赐。太初四年（公元前101年），贰师将军李广利进贡大宛汗血宝马，武帝将此马称为天马，同时更名乌孙良马为西极，并命人作《西极天马之歌》，称得此马，九夷臣服，是四海一统的祥瑞。

在经籍之中，以麒麟为意象，最为著名的是《春秋》，孔子因获麟而绝笔，表现的是对乱世的哀叹。但《诗经》与之不同，《周南》是表现王者之化的诗篇，《麟之趾》作为尾篇，呼应着开篇《关雎》的礼乐之化，是作为正面形象而出现的。《诗经·周南·麟之趾》云：

麟之趾，振振公子，于嗟麟兮。

麟之定，振振公姓，于嗟麟兮。

麟之角，振振公族，于嗟麟兮！

以麒麟之趾作为首句，反复赞咏，意在歌颂王公子孙的繁盛及仁德。其中子、姓、族，对应着公子、公姓、公族，都是公子公孙的代名词。在汉代，麒麟出现，是能给世人带来盛世想象、具有祥瑞意义的政治事件，汉武帝因获麟，选定年号"元狩"，因获麟，改铸麟趾金，赏赐给诸侯王，彰显国泰民安、皇权至尊、皇族兴旺。

麟趾、褭蹄分别指麒麟的趾瓣和天马的蹄，因此制作麟趾金、褭蹄金是汉武帝神化君权、强化皇权的一种手段。从血缘上说，皇帝与同姓诸侯王都是刘室宗亲，各地诸侯王是现任皇帝的长辈或平辈、晚辈；但在皇权面前，只能是上下级，是君臣关系，皇帝至高无上，皇帝送东西给诸侯王，叫赏赐、班赐，诸侯王给皇帝送东西，叫贡献，麟趾金、褭蹄金是为协和祥瑞专门制作的神物，带着神圣的光环，是皇帝给诸侯王的赏赐，没有获得赏赐的人，即便是诸侯王，也不配拥有，更不敢仿制。皇帝赏赐臣下财物、金钱之事，在《汉书》中屡见不鲜，甚至是赏赐黄金，也不罕见，但赏赐麟趾金、褭蹄金一事，没有任何记录，这就是汉代贵族墓甚至是诸侯王墓中，没有麟趾金、褭蹄金仿制品出土的真正原因所在。麟趾金、褭蹄金仅出土于刘贺墓和刘修墓，刘贺长子刘充国墓出土了2枚小褭蹄金，握在双手中（图14、15）。刘贺、刘充国死于汉宣帝神爵三年（公元前59年），中山怀王刘修死于汉宣帝五凤三年（公元前55年），距汉武帝太始二年（公元前95年）首次铸造麟趾金、褭蹄金仅过去30余年，刘贺的麟趾金、褭蹄金，应该是从武帝之子、父亲刘髆处继承所得；刘充国是海昏侯国的嗣子，双手中握着小褭蹄金和玉剑璏，褭蹄金是诸侯王身份的象征，玉剑璏是玉具剑的部件，佩带玉具剑是高级贵族的礼仪，刘充国墓中殉葬褭蹄金，可能源于刘贺企图恢复诸侯王身份、封王豫章的梦想。刘充国墓殉葬褭蹄金这种诸侯王才配拥有的特种金币，足以说明他死时刘贺还健在，有条件处置这类象征身份的物品。从时间上看，刘贺墓、刘修墓出土麟趾金、褭蹄金实物，与史籍记载的汉武帝铸造"褭蹄金""麟趾金"史实最为吻合。且二人均为诸侯王，与《汉书》关于汉武帝把麟趾金、褭蹄金赏赐给诸侯王的记载相印证。

图14　小褭蹄金（刘充国墓出土）
图15　小褭蹄金出土场景

"元康三年"墨书饼金

王侯纳贡　酎金助祭

尺　　寸：直径 6.4 厘米
重　　量：261～265 克
质　　地：金
出土位置：刘贺墓外棺头箱

　　刘贺墓出土的饼金共 385 枚，其中墨书饼金共 5 枚。墨书饼金出土于刘贺墓外棺头箱的漆笥内，该漆笥内另出土普通饼金91 枚。饼金上的墨书为隶书，分 3 行或 4 行书写，字迹依稀可辨，拼合饼金上的文字为："南藩海昏侯臣贺所奉元康三年酎黄金一斤"。饼金呈圆饼形，边轮卷唇，圆润，轮廓清晰，底面光滑，中部内凹，有铸造冷却时形成的龟裂纹；正面铸造气孔中有插入金条的情况，应该是校验重量时补铸的结果，每枚重量均比汉代饼金 250 克的标准高，表明这批饼金是为交纳酎金而特别铸造的，没有在市场上流通，因此没有发现汉代同类饼金上常见的戳记或刻划文字符号之类检验记录（图 1）。

图 1 "元康三年"墨书饼金

■ 饼金是西汉法定货币

刘贺墓饼金集中出土于墓室 2 个区域，一处为主椁室西室最北部榻侧及榻下，189 枚分装在 2 件漆笥内，码放有序；另一处在外棺头箱，一件漆笥内盛放 96 枚（图 2），内棺底板上放置 20 行，每行 5 枚，共 100 枚。这些饼金均为汉斤 1 斤左右的大饼金，没有发现 1 两重的小饼金。大部分饼金上有戳记或刻划符号，戳记是指用模具在饼金上压印出文字或图案，大致有检验黄金成色和重量时留下的戳印符号 "V" "贝" "长" "陶" "巨" "市" "周" "重" 等（图 3），"V" 是西汉饼金上常见的戳印，"贝" "长" "市" 戳印在西安谭家乡十里铺西汉窖藏出土的 219 枚饼金上也有发现。刻划文字、符号都是饼金在流通过程中人为刻划的，主要有 "王" "郭" "杨" "陈" "租重二未" "郭四百五坕四" "郭四百五十坕五" "郭四百五十坕六" "郭上一" "上" "中" "下" "上三" "下三" 等（图 4），"郭" 是出现频率最高的字。"上" "中" "下" "上三" "下三" 这一类刻划以前在江苏盱眙南窑庄楚汉文物窖藏出土的战国饼金上也有发现，刘贺墓出土裹蹄金、麟趾金上也有类似铸刻铭文，或许代表当时人们对黄金成色、等级的判断，当时没有专用设备用于检测黄金的品质，完全靠专业校验师凭经验和眼力来判定成色，比如有 1 枚饼

图 2 刘贺墓墨书饼金出土场景

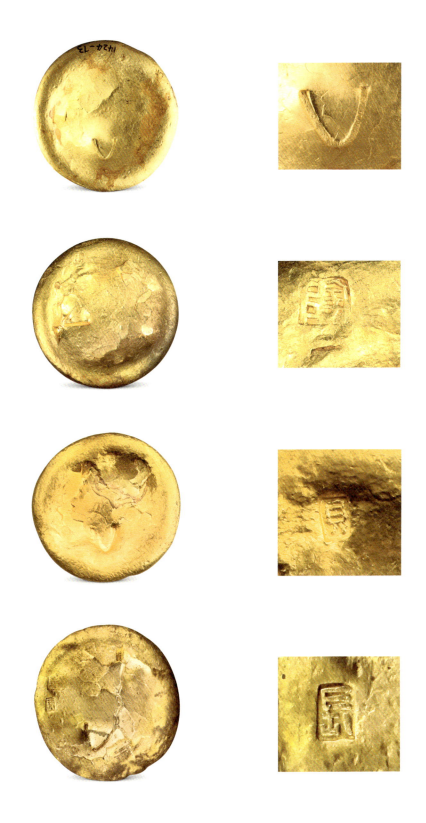

图3 "∨""陶""贝""长"戳印饼金

金，留有"下二""下三郭""下六"3次校验记录，3名校验师给的判断均为"下"，但在程度上略有差别；另有一枚饼金，留有两处"下六"刻划文字，书写风格略有差别，应分属二次校验记录，但给出的校验结果相同；"租重二朱"则是饼金流通过程中校验重量的记录，指该饼金比标准饼金重2铢；"郭四百五至四"意即该饼金比标准饼金轻四铢，"郭四百五十"可能是一名黄金校验师，刘贺墓出土饼金中常见该铭文，后面接"重若干""轻若干"或"上某""下某"。饼金正面粗糙，遍布孔洞，部分饼金的孔洞内插有金块或金屑，有的插入量多达10余克，其中有1枚饼金嵌入的金块上还刻有铭文"杨"；有的留有刮削痕迹，表明饼金经过人为校正，以确保每枚重量为汉斤1斤（图5）。刘贺墓出土了2套青铜环权，各包括6枚，其中一套重量依次为3.556克、13.944克、30.088克、59.754克、120.907克、245.712克，分别对应汉制6铢、1两、2两、4两、8两、1斤，其中最大一枚铸有铭文"大刘一斤"。环权是当时通行的称钱砝码，当然也可以用于校验饼金（图6）。

图4 "郭四百五""杨""上三""中甲""下"饼金

春秋时期，始有黄金作为货币和馈赠的记载，如《国语·晋语二》"黄金四十镒……请纳之左右"。至战国，黄金作为货币广为流通，大商贾、贵族间交易，多以黄金论价；《战国策》记述金百斤、百镒以上事例达 30 余处。春秋战国时期楚国境内盛产黄金，在楚国流行的"郢爰"，是目前我国发现并已著录最早的金币，在湖北、安徽、陕西、河南、江苏、山东等地都有出土（图 7），每枚重约 250 ～ 260 克，含金量在 93% ～ 97% 之间。20 世纪 50 ～ 60 年代，湖南累计清理楚墓近 2000 座，其中百余座出土天秤和环权，湖北楚墓中也时有天秤和环权出土，这些可能与黄金的流通有关（图 8）。

秦以黄金为上币，是我国大一统帝国对黄金货币地位的首次法律肯定。汉承秦制，黄金作为价值尺度的地位为官方所确认、社会所接受，继承秦代以黄金、铜钱为上、下币的传统，制定《钱律》与《金布律》来确立黄金的法定价值尺度地位，黄金被广泛用于表示价值，举凡家产、田亩、奢侈品以至牛羊粟豆，无不可以金计其值；而赎罪高低、罚赎轻重，亦皆可以金为衡度。《史记·平准书》曰："一黄金一斤。"《汉书·食货志》云："黄金方寸，而重一斤。"西汉一斤，约合 250 克，考古出土的西汉饼金便是当时与铜钱一并流通的金币。在西汉，黄金是法定的称量货币，发挥着充分的货币职能，以斤两论，要交换成铜钱才能发挥其支付功能。《二年律令·钱律》规定，不接收黄金和铜钱两种流通货币是违法行为，处罚金四两；每年年初政府公布黄金与铜钱的兑换平价，不同时期、不同地区，黄金与铜钱的比价有差异，比如，《二年律令·算数书》记载黄金和铜钱的比值：金 1 两等于 315 钱，那么 1 斤黄金就可兑换 5040 钱；据《九章算术》，黄金 1 斤值 6250 钱；据《居延汉简》，当地金价为 1 斤值 21552 钱。

图 5　正面留有刮削痕迹的饼金

图6　青铜环权

图7　郢爰（盱眙南窑庄窖藏出土；南京博物院藏）

图8　东周环权与天秤盘（鸡公山出土；荆州市博物馆藏）

■ 酎金制度

"酎金"起源于古代的宗庙祭祀。"酎"是我国古代的一种醇酒，正月酿造，八月酒成，味美纯厚，名酎酒，用于宗庙祭祀。《汉书·景帝纪》颜师古注曰："酎，三重酿，醇酒也，味厚，故以荐宗庙。"天地、社稷、宗庙祭祀活动中非常重要的一个环节，便是饮酎。在这次大祭中，天子赏赐饮酎时，参加助祭的人都要饮酎，所以，这次大祭又叫"赏酎会"或酎祭"。

自春秋战国至汉代，以酎助祭逐渐成为一种祭祀祖先神明的礼仪。按照宗庙祭祀制度的规定，只有天子才享有祭祀先祖的特权，诸侯王、列侯无权独祭，但又必须"尊祖敬宗"，所以，每年八月皇帝在太庙举行祭祀先祖的典礼时，诸侯王、列侯必须派人前往京师，进贡"助祭"。助祭既是汉天子独尊地位的反映，也是王侯臣服于汉天子的表现形式。祭祀祖先需要"牺牲"和其他供品，这些供品，或为"少府"所备，或为各地所献，而各地所献供品多为能用于祭祀的特产。西汉时期，诸侯王、列侯所献贡品逐渐被黄金代替，这些供祭祀用的黄金便被称为"酎金"。汉文帝时颁布《酎金律》，以法律形式把贡献酎金助祭的仪式固定下来，酎金制度应运而生。汉武帝对《酎金律》作了更加严苛的规定，据《后汉书·礼仪志》刘昭引《汉律·金布令》可知，诸侯王、列侯所献酎金是由皇帝亲受，少府负责检验酎金的重量、成色等；酎金数量标准为每千人或不足千人但满五百者，需上缴黄金四两。如果王侯所献酎金数量不足或者成色不好，就要被削侯免爵。据《汉仪注》记载"王子为侯，侯岁以户口酎黄金于汉庙，皇帝临受献金以助祭。大祀日饮酎，饮酎受金。金少不如斤两，色恶，王削县，侯免国。"对酎金成色的判定，仅仅依靠皇帝和少府吏员的经验和眼力，因而具有很大的主观随意性，其结果难免有失偏颇。西汉以孝治天下，对祭祀祖先神明等礼仪活动尤为重视，如果诸侯王、列侯所献黄金"金少、色恶"，则视为对祖先神明大不敬、对皇帝不忠。"酎金"是各个诸侯王、列侯根据所封辖地区的人口数上缴的，它不仅有经济意义，还具有重要的政治意义，所以，在以宗法制度为重的汉朝，坐酎金罪，后果十分严重。

刘贺墓墨书饼金的出土，表明汉代诸侯王、列侯进贡的酎金是当时通行的饼金，进贡时进献者还要书写交纳人的名字，以备少府核验饼金重量、成色以及进贡者，避免出错。西汉实行金币与铜钱并行的货币制度，酎金交黄金，这一制度安排大大方便

酎金（zhòu jīn）：
汉代酎祭礼仪中诸侯王、列侯为助祭所献的黄金。

了各地诸侯王与列侯。如果没有黄金货币，诸侯王与列侯就得派专人携带等值的铜钱到长安，路途多有不便，少府在短期内要清点各地上交的铜钱，也是一件费时费力的事。从汉文帝时期开始，以《酎金律》的形式规定诸侯王、列侯岁时参加宗庙祭祀，应奉献酎金，所献酎金必须斤两足、成色好，如果经少府检验不合格，就会受到严厉处罚，最为典型的案例是发生在汉武帝元鼎五年（公元前 112 年）九月的"酎金案"，因列侯贡献酎金不合格，一次性废除了 106 个侯国，丞相赵周受牵连被处死，豫章郡境内的宜春侯国正是因此除国。

刘贺墓 5 枚墨书饼金重量约为 261～265 克，均高于同墓出土"大刘一斤"青铜环权 245.7 克的重量，也超过了通常公认的汉斤一斤 250 克，表明刘贺对贡献酎金一事很重视，经过了严格挑选，重量足，成色好，也从一个侧面说明汉武帝元鼎五年（公元前 112 年）酎金案，起到了很好的警示作用。

刘贺墓出土墨书饼金揭示出墓主人的身份为海昏侯刘贺，同时，也体现了刘贺臣服的姿态。元康为汉宣帝刘询的第三个年号，元康三年（公元前 63 年）刘贺被封为海昏侯，食邑 4000 户，刘贺准备了 5 枚饼金作为当年上交的酎金，总重量 1321.8 克，折合 84.6 汉两，表明他的侯国总人口数在 21500 以内。刘贺墓出土饼金是汉代高级贵族财富象征及酎金制度的实物见证，折射出刘贺为恢复"祭宗庙"身份、获得宗室认同而做出的努力。刘贺墓出土饼金 385 枚，表明海昏侯国的黄金储备非常充足，以每年贡献酎金 5 枚计，足以用 77 年。但他的这一愿望似乎并未如愿，同墓所出木牍，有一版涉及元康四年（公元前 62 年）刘贺上书请求派使者贡献酎金 84 两的上书（参见本书第 93 页图 6），上面没有记载回复的字句，说明这次上章没有得到汉宣帝批准，奏章被退回，此后刘贺再也没有就此事上书。

汉代阴阳五行、神仙方术、谶纬迷信等很盛行，人们对祖先崇拜和鬼神崇拜的观念根深蒂固，相信人死后灵魂不灭，还会继续在阴间生活，于是刘贺在死后将大量黄金放在棺椁中带到阴间，并且在其中 5 枚上写下了"南藩海昏侯臣贺所奉元康三年酎黄金一斤"，放入外棺头箱内，意在向先祖表达自己作为刘氏宗人对宗庙祭祀的虔诚态度，元康三年（公元前 63 年）刚分封为海昏侯，就按祖制如数准备了酎金，希望在阴间能得到祖先的认可，恢复宗庙祭祀权。5 枚墨书饼金，述说着刘贺的"朝请"梦。

■ 天量黄金何处来

　　刘贺墓如此大量黄金的集中发现（图9），自然吸引公众眼球。该如何理解这一现象？是否真的可以据此认为西汉有天量黄金？

　　西汉是中国历史上一个富强的朝代，西汉多黄金，为历代称颂。西汉皇帝赏赐臣下黄金，每每百斤、千斤、万斤，乃至数十万斤，比如，元狩四年（公元前119年）卫青、霍去病出征匈奴凯旋，汉武帝一次性赏赐将士黄金多达50万汉斤。据著名货币史学家彭信威先生《中国货币史》一书统计，西汉历代皇帝赏赐的黄金数量89万多汉斤，折合约223吨。我国黄金协会数据显示，截至2020年年底，我国黄金储备是1948吨。这也就意味着，早在2000多年前的西汉，光是用于赏赐的黄金，已达到现代黄金储备的11%左右。

　　黄金从哪里来？毋庸置疑，西汉黄金数量之巨，得益于前朝的积累。秦统一六国后，天下财富聚集在秦王朝的府库。秦灭亡后，财富很快流转到了西汉府库。《汉书·贡禹传》记载：在西汉元帝时期，从事矿产冶炼的人数众多，威胁到农业生产，甚至到了要罢免开采矿产官员的地步，以复兴稼穑。当然，汉政府在派出金官开采金矿获得黄金的同时，也通过酎金、罚金、租税、卖爵等方式回收黄金，以保证国库中有充

图9　刘贺内棺饼金出土场景

足的黄金用于国事活动。至王莽时，国库中贮藏黄金达 60 万汉斤以上。

西汉、东汉各 220 年左右，从文献记载来看黄金数量相差巨大，东汉时期黄金是不是真的少了？西汉随处可见的黄金，怎么就突然人间蒸发了？

刘贺墓出土黄金约 115 公斤，于是有人提出随葬黄金是汉代黄金逐渐减少的原因所在。虽然汉代厚葬成风，但从考古发现来看，以黄金殉葬的情况却极为罕见。在刘贺墓发掘之前，西汉黄金出土总量约 82 公斤。出土黄金分两类情况：一是以西安谭家乡出土 219 枚饼金为代表的窖藏黄金，每枚重约合汉斤 1 斤，总重 54 公斤。另一类是以满城中山王刘胜夫妇墓等为代表的墓葬黄金，约 28 公斤。墓葬黄金的发现，大体集中于未经盗掘的三地四座西汉诸侯王墓：1968 年，河北满城县中山靖王刘胜夫妇墓发掘，刘胜墓出土小型饼金 40 枚，每枚重约合汉斤 1 两，总重 719.4克；刘胜之妻窦绾墓出土小型饼金 29 枚，总重 438.15 克（图 10）。1973 年，河北定县中山怀王刘修墓发掘（曾被盗挖），出土小型饼金 40 枚，每枚重约合汉斤 1两，镶琉璃面大、小褭蹏金各 2 枚，镶琉璃面麟趾金 1 枚，总重 3000 余克。1996 年，山东省长清县双乳山济北王刘宽墓发掘，出土饼金 20 枚，其中大者 19 枚，小者 1 枚，每枚重分别约合汉斤 1 斤、1 两，总重 4262.5 克。

在刘贺去世后，汉宣帝废除海昏侯国。因此，在刘贺去世且无人继承其爵位的情况下，海昏侯府库中贮藏的两代昌邑王所积累的黄金及其他财产，那些视为身份地位象征、不能被子女所继承者，只能随刘贺而去埋藏于墓中，造成了刘贺墓中埋藏大量黄金的罕见情况。其他 2 座出土黄金的墓情况与此相似，中山怀王刘修因无后，除国；济北王刘宽因获罪，国除，黄金和王国的财富一同被埋葬。因此，刘贺、刘修、刘宽三位王侯的墓中出土大量黄金，在汉代是特例。另外，大家关心的是刘贺有那么多黄金、铜钱，在当时是不是很富有的问题，可以对比其他诸侯王来看，汉景帝的弟弟梁孝王刘武去世时，梁国府库存有黄金 40 多万汉斤；刘贺的大伯广陵王刘胥，在宣帝时期先后受赐黄金 5000 汉斤，相比之下，刘贺墓出土铜钱约 500 万、黄金 460 汉斤就不那么引人瞩目了，诸侯王与列侯之间的财富差距由此可见一斑。

文献记载所反映的西汉与东汉在黄金数量上的差距，或者说东汉黄金消失之谜，在于西汉延续楚国以黄金为货币的传统，因以黄金作为衡量财富的标准，西汉有关的记述中，在形容富商巨贾财力雄厚时，往往使用"千金""万金"之类词语，皇帝亦动辄以大量黄金赏赐臣子，似乎西汉是一个非常"多金"的朝代。时至东汉，因为大地主庄园经济兴起，商品经济受到削弱，自然经济回潮，布帛等实物在实际生活中充当支付手段，黄金的需求下降，市场逐渐放弃黄金货币，故有关黄金的文献记载就少了。黄金作为贵金属，经长期积累，理论上是越来越多，从历史上沿袭下来的黄金，不会凭空蒸发。

图 10　饼金（中山王刘胜夫妇墓出土；河北省博物院藏）

"昌邑籍田"青铜鼎

诸侯亲耕　新春祈年

尺　　寸：高 34.0、最大腹径 44.0 厘米
质　　地：青铜
出土位置：刘贺墓东藏椁

　　"昌邑籍田"青铜鼎出土于刘贺墓东藏椁。此鼎是标准的汉鼎，子口微敛，腹中部圆鼓，下腹内收成圜底，三蹄形足，圆环状冲天耳微外撇，失盖。鼎腹刻铭文"昌邑籍田铜鼎，容十斗，重卅八斤，第二"（图 1）。"第二"是器物编号，说明祭祀先农的礼仪，使用的鼎至少有 2 件，是昌邑王举行籍田仪式的礼器。

图1 "昌邑籍田"青铜鼎

■ 籍田劝农

　　"昌邑籍田"青铜鼎是我国首次发现记载西汉时期诸侯王国"籍田"礼仪的实物资料，也是我国自古重视农业生产，以农为本的生动例证。籍田不仅是天子礼，也是诸侯礼。耕籍礼自周代实行，开春时天子率领诸侯亲耕，象征一年农事的开始，是古代中国以农立国的一种表现形式。《礼记》云："是故昔者天子为藉千亩，冕而朱纮，躬秉耒；诸侯为藉百亩，冕而青纮，躬秉耒，以事天地山川、社稷、先古，以为醴酪齐盛，于是乎取之，敬之至也。"籍田礼是西汉最重要的礼仪活动之一，从汉文帝始，每年孟春正月，朝廷都要在长安举行盛大的籍田礼，皇帝要先到社坛亲祀农神后，再到籍田手持耒耜亲耕，在京的百官贵族都要参加，意在"祈年"和"劝农"。东汉时期，各郡国都要举行籍田礼，西汉是否如此，记载阙如。"昌邑籍田"青铜鼎是昌邑王举行籍田仪式的礼器，它的发现，证明西汉时期各郡国同样会隆重举行籍田礼。

　　"昌邑籍田"青铜鼎铭文有标明次第的序数"二"，说明这套鼎包括若干件，考虑到昌邑王为诸侯，当年这套鼎应该有七件，这是其中一件，其他的可能散失了。该墓还出土了1件青铜豆形灯，灯盘外侧刻有铭文"昌邑籍田烛定第一"，表明汉代籍田礼仪祭祀先农的活动，要用到成套的礼器，每类器物又有若干件。（图2）。

图2　"昌邑籍田"豆形青铜灯

■ 寓礼于鼎

青铜是红铜与锡、铅等金属的合金，因氧化后器表呈青绿色而得名。青铜鼎是在新石器时代广泛使用的陶鼎基础上发展起来的食器，目前发现最早的青铜鼎始于夏代，历经商周至两汉，是青铜器中使用时间最长的一种容器。鼎用途广泛，既是一种烹煮器，又是一种盛食器，有时两者兼而用之，成为礼仪用器。青铜鼎是贵族使用的重要礼器之一，有"钟鸣鼎食"之说。在墓葬中，以青铜鼎的地位最高，往往出土不同式样的鼎，并以鼎数的多少来表示墓主人的社会等级身份。

从周代开始，形成了一套用鼎制度，以奇数为等次，大小依次成列，即列鼎制度。用鼎的数量及其组合，在礼制上有极为严格的规定，天子九鼎、诸侯七鼎、大夫五鼎、士三鼎，不得僭越。汉代何休在注解《公羊传·桓公二年》时指出："礼祭天子九鼎，诸侯七鼎，卿大夫五，元士三也。"相传夏代铸造九鼎，夏代灭亡后，九鼎为商所得，武王灭商时，又把九鼎迁到了洛阳。九鼎作为三代天子传位重器的传说，影响极大，后世成语一言九鼎，即以此为本源。

鼎由耳、腹、足三部分组成，鼎流行时间长，形制丰富多变（图3），依腹部形态分，有方鼎、盆形鼎、盘形鼎、罐形鼎、高鼎等；依足部形态分，有三足、四足之别。圆鼎始于夏代，作圆腹、圜底、直耳式，流行至两汉，其演变规律是：器壁由薄变厚，腹由深变浅，西周晚期鼎腹近半球形；足由空锥足变为短柱足、长柱足、蹄足、兽足；耳由小变大，由立耳变外附耳，由直立变微外撇、外撇；器表由商代前期光素无纹、无铭文到晚商时厚重的三层花，再到战国晚期、秦汉时的光素无纹；西周中期以后，出现带盖鼎，盖上有三纽，战国时带盖鼎还有子母口。圆鼎是汉代的主流鼎式，刘贺墓出土青铜鼎26件，皆为圆鼎，且多数带盖，通体鎏金，做工精细，富丽堂皇。

图3 青铜温鼎

■ 西汉发达的官营青铜冶铸业

西汉时期铜矿开采和青铜铸造业主要由政府控制，从中央到地方，组织严密，机构庞大，所制器物精美，主要供宫廷、官府、贵族使用，也用于内外赏赐。据《汉书·百官公卿表》，汉中央政府少府下设考工室和尚方，其长官分别称为考工令和尚方令，负责铜器铸造业；汉武帝元鼎二年（公元前115年）设置水衡都尉，管理上林苑，属官有主管铸造货币的钟官令丞、技巧丞和负责辨铜色的辨铜令丞。上述机构所铸铜器，主要供王室和贵族使用，出土汉代"尚方""考工""未央"等铭文铜器就是例证，尚方所造铜镜极为有名。1961年，陕西省西安市三桥镇汉代铜器窖藏出土了鼎、钟、钫等22件器物，除铜钟外，其余各器均有铭文。从铭文可知，它们均为上林苑皇家宫馆所有，年代自汉武帝天汉四年（公元前97年）至汉成帝鸿嘉三年（公元前18年），属西汉中后期。大部分在长安铸造，也有从外地征调而来或地方官员捐献的。8件铜鉴上的铭文表明，仅上林苑宫馆中所用的铜鉴，数目就相当大：阳朔元年（公元前24年），工匠杨政造10件；4年后，工匠李骏、周博各造240件（图4）；鸿嘉二年（公元前19年）工匠周霸、杨放各造300件；次年，工匠黄通、周博又各造84件。从阳朔元年（公元前24年）到鸿嘉三年（公元前18年）的短短7年中，仅宫苑使用的铜鉴就达1258件之多，这还不包括没记录在案者，足见汉代官营青铜冶铸业发展的水平。铜鼎的数量也不少，甘露三年（公元前51年），工匠王意造160件，阳朔二年（公元前23年）造了700件，鸿嘉二年（公元前19年），工匠左挥造200件。

汉政府还在地方设工官，委派官吏负责官营手工业生产。据《汉书·地理志》记载，汉代在河内郡、河南郡、颍川郡、南阳郡、济南郡、泰山郡、广汉郡、蜀郡等8地设有工官。它们的产品一部分供应宫廷，另一部分作为商品出售。历代金石文录中也著录了不少河东郡所产的铜器，考古发掘中亦常有带河东郡所产的铭文铜器出土。蜀郡和广汉郡的工官，除以制作漆器闻名外，所铸铜器同样闻名遐迩，故宫博物院所藏建武二十一年（公元45年）鎏金铜樽为蜀郡工匠所造，并记载制作铜器的工匠按职务的不同可分为造工、雕工、铜涂工等工种。各王国也有专门制造铜器的机构。如南越王墓出土的不少器物上铸刻有铭文，表明当时南越国有专门制造青铜器的作坊和管理机构；在5件铜鼎上都铸刻有铭文"少内"，表明它们是南越国少内官署所使用或专门为少内官署所制作的器物。

■ 西汉金文

　　战国时期，因传统的贵族政治被新兴的集权政治取代，金文因此出现新的风格。春秋时期仍存在的颂扬祖德、祝愿家族昌盛之类铭文消失，长铭铜器比较少见，多数只记作器事由、器主，至战国中、后期发展为"物勒工名"。此式铭文，记铸造年月、机构、工官、收藏地点以及使用者、器物重量、容量等，是当时各国加强中央集权的反映。战国金文与以前用范铸不同，大多为器物铸好后再在器壁上刻凿，笔画纤细，显得瘦劲。这种金文新风格为秦汉所继承，汉代铜器铭文既不像商周铜器铭文那样具有记史性，也不像东周铭文那样具有装饰性，而是物勒工名，记载使用者的名字、器物的大小、容量等，刘贺墓出土青铜器，除铭文镜外，均为此格式，如"昌邑食官镣容四升重十一斤昌邑一年造""昌邑宦谒烛定重六斤四两二年造""昌邑食□锺容重廿九斤六两"等（图5）。

　　西汉时期，由于炼钢技术的进步，刻刀更加坚硬锋利，使得东周时就已产生的细线刻工艺日渐成熟，青铜器铭文制作方法，为器物铸好后再在器壁上刻凿，与商周时期用范铸法铸造的铭文相比，显得劲挺有力，笔意浓郁。"昌邑籍田"鼎铭文属于篆隶体，带有鲜明的小篆笔意，笔画细瘦，书写的意味非常明显，线条挺拔而方折明显、结体方整而富有变化。

图4　"上林"青铜鉴铭文　　　　　图5　"昌邑食官"青铜锺

青铜编钟

轩悬雅乐　金石和鸣

尺　　寸：最大号
　　　　　通高 27.0、宽 17.5、纽高 7.1 厘米
　　　　　最小号
　　　　　通高 13.0、宽 7.5、纽高 4.0 厘米
质　　地：青铜
出土位置：刘贺墓北藏椁

　　青铜编钟共出土二堵，24 件，其中鎏金纽钟 14 件、
甬钟 10 件，鎏金青铜龙纹套头、鎏金青铜虡各 2 套。

图 1　鎏金青铜编纽钟

■ 鎏金青铜编纽钟

鎏金青铜编纽钟出土于刘贺墓北藏椁（图1）。14 件纽钟保存完好，造型、纹饰相近，大小依次递减，出土时整齐地悬挂在钟架上。钟簨为黑地红彩龙纹漆木质，两端镶嵌鎏金龙纹青铜套头（图2）；簨上插3块业，业呈三角形片状，中心部位各嵌1枚青铜圆饼形器，构思巧妙，系首次发现。伴出2件青铜神兽虡，竹节状青铜虡柱立于神兽虡座上，U 形托座承托钟簨。虡座为兽形，似驼，长嘴合口，圆目小耳，脑部、后背各有一驼峰，背脊中部有一圆形銎，前足跪坐，后足蹲踞，短尾后垂，腹部饰鎏金龙纹（图3），类似的虡座见于大云山江都王墓。

钟体作合瓦形，呈扁凸状，铣棱中部外鼓，两端内敛，显得矮胖浑圆；于口弧曲，有棱状内唇；腔面以粗阳线框分隔出钲、篆、鼓、枚各区。舞下、钲下、于口以及铣棱两侧饰以鎏金弦纹。舞平素无纹，置扁平长条环形纽；钲部两侧有4组枚，每组9个，分3行，以篆带相隔；枚呈乳丁状，其上刻细线纹；钲部、篆带饰鎏金变形龙纹，鼓部饰鎏金对称龙首纹，正鼓部饰一个鎏金蘑菇状点纹，作为正鼓音的演奏标记；正面鎏金纹饰清晰，背面由于经常演奏敲击，致使局部脱落（图4）。钟腔于口内壁4个侧鼓部均焊接楔形音梁，向上顺腔体延伸至枚区。钟内腔留有调音刻凿的痕迹。其中第14号纽钟，是最小的一件，保存完整，器形与前述13件相类，舞、征、篆、鼓部饰龙纹（图5），钟腔于口内壁4个侧鼓部均有楔形音梁，形状与前述纽钟的音梁略有不同。按照编钟的发音规律，钟体越小发音越高，故14号钟本该是该套纽钟中发音最高者。经测音，14号钟音高次于13号钟，又属于该套纽钟中不可或缺的一件，如果缺少14号钟，该肆纽钟高音区的音列就不完整，无法构成五声音阶或七声音阶，其表现力会大打折扣，甚至整套纽钟会蜕变为仅供摆设的礼器，因此14号纽钟既是出于西汉王者之乐14件一堵礼制的需要，也是一肆编纽钟完整音列的需要，在编列中位居该套纽钟中第13号，系原钟遗失后所补配。自西周始，出于乐律方面考虑，编钟、编磬拼凑使用是一种普遍现象。

先秦编钟的"一钟双音"是我国一项辉煌的科学成就。一钟双音是指分别敲击钟体正鼓部和侧鼓部各可以发出一个乐音，一般称之为正鼓音和侧鼓音。目前所见的编钟实物，标记侧鼓音的纹饰均标记在编钟正面的右侧鼓部。但是从刘贺墓编纽钟来看，在实际的编钟演奏活动中并非如此。中国艺术研究院王清雷先生认为，刘贺墓编

簨（sǔn）：
悬挂钟、磬等架子上的横梁。
虡（jù）：
悬挂钟、磬等架子两侧的立柱和底座。

纽钟正面的鎏金纹饰保存较好，背面则磨损较多，有的甚至非常严重（图6），这说明编钟在演奏侧鼓音时，左、右侧鼓部均可敲击，并非仅敲击右侧鼓部。王清雷团队通过对其进行测音、试奏后发现，纽钟音律准确，音阶流畅，音色清脆悦耳，五音具备，其正、侧鼓音的音程关系为大三度或小三度，均为可以演奏双音的实用乐钟，适合演奏旋律声部，可以完美演奏现代歌曲《荷塘月色》。

图2 鎏金龙纹青铜套头
图3 鎏金龙纹青铜神兽虡座（纽钟架）

图 4　鎏金龙纹青铜纽钟纹饰

图 5　龙纹青铜纽钟

图 6　纽钟正面与背面鎏金纹饰保存状况对比图

業 ——

套头 ——

—— 簴

—— 虡

■ 编甬钟

编甬钟出土于刘贺墓北藏椁，共 10 件（图 7）。伴出 2 件虡，竹节状青铜虡柱立于鎏金青铜神兽虡座上，U 形托座承托钟簴。虡座为神兽形，似龙，昂首，双角，圆目长耳，背顶有一圆形銎，两侧有翼，前足微屈，后足蹲踞，长尾及地，腹前部有一条凸脊，贴于地面，用于稳固，通体鎏金（图 8），类似的虡座见于大云山江都王墓。

钟身呈扁凸状，铣棱两端内敛，显得矮胖浑圆；于口弧曲，有棱状内唇；腔面以粗阳线框分隔出钲、篆、鼓、枚各区；竹节状实心甬，甬上端有一道折棱，中段有 2 道相连的瓦楞纹，下端有一道凸宽带，其上有旋，旋作螭状，上半身有多道平行排列的短斜直线，近头部处有卷云纹，旋上有一个螭头形干，以 S 形卷纹下部为螭眼；钲部两侧有 4 组枚，每组 9 个，分 3 行，以篆带相隔（图 9、10）。从器表纹饰和铭文看，这套编甬钟是出于某种需要由原本属于不同编列的甬钟拼凑而成。

图 7　编钟架各部位名称示意图
图 8　鎏金青铜神兽虡座（甬钟架）

甬

旋

干

舞

枚

篆

钲

鼓

铣

于

10 件甬钟大致可以分为三类：

第一类为几何纹甬钟（图 11），编号为 1～3 号，共 3 件，螺旋式乳丁枚，甬部中段为三角纹，内填篦点纹和花卉纹，其篆间、篆带、钲部和舞部为完全图案化的菱格纹，这是汉代典型的编钟纹饰。1 号甬钟侧鼓部刻铭文"东道羽重百一十斤第三"，钟体近舞部刻铭文"东"；2 号甬钟钟体近舞部刻铭文"东道第三宫重百五斤"，侧鼓部铸铭文"宫"；3 号甬钟钟体近舞部刻铭文"东道第三商重八十六斤"。

第二类为蟠虺纹甬钟（图 12），编号为 4～7 号，共 4 件，螺旋式乳丁枚，其篆间、篆带、钲和舞部饰蟠虺纹。4、5 号甬钟甬部中段为三角纹，内填花卉纹，有铭文，4 号甬钟钟体近舞处刻铭文"西道角重八十五斤第二"；5 号甬钟侧鼓部刻铭文"西道第一角重七十斤"。另 2 件，甬部中段为蟠虺纹，无铭文，出土于编纽钟架倒伏范围内。

第三类为鎏金龙纹甬钟（图 13），编号为 8～10 号，共 3 件，枚呈乳丁状，其上刻细线纹，舞下、钲下、铣间弧线以及钟体两侧饰以鎏金弦纹。舞部、钲部、篆带饰鎏金变形龙纹，鼓部饰鎏金对称龙首纹；正面鎏金纹饰清晰，背面局部脱落。出

图 9　青铜甬钟各部位名称示意图

图 10　甬钟腔体内壁音梁

土于编纽钟架倒伏范围内。

1~5号铭文钟，文字或镌刻较深，字体规整；或刻划较浅，手法粗糙，字迹潦草，系不同时期不同工匠所刻。铭文包括四部分内容：第一部分是东道和西道，指该钟在一肆钟的悬挂位置；第二部分是五音（宫、商、角、徵、羽），所见5件甬钟铭文中五音缺徵；第三部分是第一、第二、第三之类序号；第四部分是甬钟的重量。上述5件带铭文甬钟，大小相次，出土于甬钟架垮塌范围内。8~10号甬钟装饰纹样、风格与前述纽钟相同，可能是同一时期由同一作坊设计、铸造。另外，金车上出土1件与此风格相同的甬钟。

此外，刘贺墓还出土了一堵14件的琉璃编磬，与编纽钟并排摆放在北藏椁中部靠近南墙处（图14），磬体内空，靠填充物来调节音高，与一般大小相次的石制编磬相比，极具个性。虽然琉璃的材质珍贵，制作难度又大，从物理结构上讲也远没有石头性能稳定，从音乐性能上分析，琉璃编磬并不比石磬优良，而且容易腐蚀走音，但是刘贺将其用于乐悬可能是出于个人喜好及对身份地位的彰显。江都王墓也出土了与此相近的琉璃编磬。

图 11　几何纹青铜甬钟

图 12　蟠虺纹青铜甬钟

图 13　鎏金龙纹青铜甬钟　　　　　　图 14　鎏金龙纹青铜神兽虡（编磬架）

■ 王者风范的乐悬礼制

我国是制造和使用乐钟最早的国家，钟体硕大，可以单独悬挂的，称为"特钟"，依大小相次成组悬挂演奏的，称为编钟。编钟由若干件大小不同的钟有次序地悬挂在漆木架上编成一组或几组，每件钟敲击的音高各不相同，从而组成完整音列，钟的音量大小在于共鸣箱的大小，其音频变化主要在于鼓部的厚薄，小钟音高细，大钟音低沉。青铜编钟为礼制器用的重要组成部分，是我国古代王侯权贵专用的大型打击乐器，是等级和权力的象征。从春秋中期开始，成套编钟发展迅速，其排列组合方式有一个发展过程。东周时期青铜器组合由西周的重鼎食器逐渐演变为"钟鸣鼎食"，钟必成编，鼎必成列，是鲜明的时代新风。

考古发现表明，编钟出现在商代，兴起于西周，盛行于春秋战国。到汉代，青铜器日益生活化，失去礼器功能，编钟开始走向衰落。编钟组合在西周早期件数较少，以大小 3 件为一套；西周中期以后，件数逐渐增加，有大小 8 件为一套者；东周时期，编钟组合件数更多，有 9 件一套者，有 13 件一套者，曾侯乙墓编钟更是多达 64 件。

刘贺墓出土的编钟，是继 1983 年广州象岗山南越王墓、2000 年山东济南章丘洛庄汉墓 14 号陪葬坑、2009 年江苏盱眙大云山江都王墓之后又一套规制完整的西汉实用乐钟，对研究编钟及其音律和铸造工艺乃至西汉乐悬等级制度等，有着重大的历史意义。

洛庄汉墓墓主为第一代吕王吕台，年代为公元前 186 年。该墓出土乐器多达149 件，出土的全套编钟悬挂于双层钟架上，上层一肆 14 件纽钟，下层一肆 5 件甬钟。通过测音表明这是一套调试良好的双音钟，每件钟的正侧鼓音音程关系准确，均可发出相隔三度关系的两个音，双音独立性佳，七声音阶准确齐全，音色清亮，余音袅袅。可以说，洛庄汉墓编钟是我们目前所知汉代最早的一套音高准确、音列完备、音色优良的实用编钟。

大云山汉墓的墓主为江都王刘非或刘建，年代为公元前 130 年，墓中发现了黄肠题凑、金缕玉衣，是汉代最高级别的诸侯王葬制。编钟出土于墓室西侧，钟架虽已坍塌，但编钟排列顺序清晰。全套编钟分上下两层，上层 14 件纽钟，自北向南从大到小依次排列，下层 5 件甬钟，大小依次排列，排列方向与纽钟相反。墓中还出土了相同组合的 3 套青铜编钟明器。

南越王墓主为第二代南越王赵眜，年代为公元前126年。14件纽钟出土时依次排列于东耳室北墙，悬挂纽钟的钟架尚存；5件甬钟位于纽钟东侧，同样从小到大依次排列，但并未悬挂，外有丝绢包裹痕迹。纽钟与甬钟内部均有调音挫磨痕迹，其中一件纽钟的三棱状内唇挫磨殆尽。经过测音，尚可发声的13件纽钟音程关系复杂，同时加上5件甬钟，这套编钟的正侧鼓音并不像吕王墓编钟那样均呈和谐的三度音程关系，出现二度与四度在内的五种音程组合形式。但其中保持三度音程关系的钟有12件（包括纽钟8件、甬钟4件），占总数的三分之二，可见这套编钟中使用比例最大的还是三度音程，其余为四度与不协调的二度音程。就二度音程来说，这种不和谐的音程关系应视其为地方特色。该墓还出土了"文帝九年"句鑃，一套8件，这是吴越地区流行的打击乐器。南越国虽然受封于大汉王朝，在南越国内大力推行中原礼乐制度，但远离中原，在语言、音乐方面有自己的地方文化特色。

我们从吕王墓、江都王墓、南越王墓和海昏侯墓这四座西汉诸侯王墓编钟配置可以发现，这四座横跨山东、江苏、广东、江西四省的西汉王墓出土了同等规格的编钟，这不能视其为一种巧合，而是西汉礼乐制度在乐悬上的体现，表明西汉编钟的用乐制度有一套严格而明确的标准。经测音，吕王墓、刘贺墓出土编纽钟，相同编号的钟音阶相同，我们据此可以推测，至少在诸侯王这个层面国家推行过统一规范的乐悬制度。另外，从音乐性能上我们可以清晰地看到编钟双音技术逐步衰落的过程。虽说洛庄汉墓编钟音色优美，音高准确，余音袅袅，但正是其悠长的余音透露了它衰败的迹象，因为作为旋律性乐器来说，余音过长会对旋律中的其他音造成干扰，也就是说洛庄汉墓只能演奏旋律较慢的乐曲。

乐悬制度是古代宫廷以钟磬乐悬为标志的礼乐等级规范，其等级非常森严，不可僭越。刘贺墓出土的2套钟虡和1套磬虡可以证明，这两堵编钟和另外一堵编磬均为完整编列，组成三堵，符合诸侯轩悬的乐悬礼仪，体现了汉代对先秦音乐制度的继承（图15、16）。广东省南越王赵眜墓、山东省洛庄吕王墓14号陪葬坑、江苏省盱眙大云山江都王墓出土乐悬组合为14件编纽钟和5件编甬钟分两层悬挂在一件钟架上构成一堵，而刘贺墓乐悬规格为一堵编钟（内含14件纽钟和5件甬钟）、一堵编甬钟和一堵编磬组成三堵，其最大的特点是多一堵编甬钟，这一乐悬礼制便是《周礼》记载的轩悬，也是轩悬礼制的首次考古发现。

所谓乐悬，其本意是指必须悬挂起来才能进行演奏的钟磬类大型编悬乐器。《周

句鑃（gōu diào）：
流行在吴越地区的青铜打击乐器，形状类似编钟。

图15　海昏侯墓编甬钟出土场景
图16　海昏侯墓编磬出土场景

礼·春官·小胥》云："正乐悬之位，王宫悬，诸侯轩悬，卿、大夫判悬，士特悬，辨其声。"郑玄注云：宫悬，四面悬，轩悬，去其一面，判悬，又去其一面，特悬，又去其一面。四面，象宫室四面有墙，故谓之宫悬；轩悬三面，其形曲……轩悬，去南面，辟王也；判悬，左右之合，又空北面；特悬，悬于东方，或于阶间而已。《周礼》明确记载了天子用乐为四堵，即东西南北四面各摆放一堵，诸侯去掉南面，即为

三堵，卿、大夫只有东西二堵，士阶层只能在东面或阶间摆放一堵。乐悬制度是西周礼乐制度的重要组成部分，包括乐悬的用器制度、乐悬的摆列制度和乐悬的音阶制度。西周统治者将钟磬编悬乐器赋予深刻的政治伦理，形成了以钟磬为代表、等级森严的乐悬制度，对古代礼乐文化产生了深远影响，为汉代所继承。《汉书·礼乐志》记载的"高张四悬，乐充宫廷"，说的正是天子所用的宫悬。

为了配合乐队演奏，还有相应规模的乐舞表演。与钟磬乐悬相配还出土了36件漆伎乐俑（图17），象征"六佾"，即六行六列，共36人组成的乐舞队。"六佾"正是诸侯所能享用的乐舞礼仪，《左传·隐公五年》记载："天子用八，诸侯用六，大夫用四，士用二。"

刘贺墓出土的编钟10件甬钟纹饰样式不尽相同，第1～5号为5件大型钟，刻有铭文，显示有2件为东道第三，其一为"羽"，其一为"宫"，西道2件钟，均为"角"，这5件钟分布于钟架垮塌范围内，可能属于一堵，因没有发表测音数据，无法判断他们是否为一肆完整的编钟，有待该墓考古资料的进一步公布。在编纽钟架上有5枚用于悬挂甬钟的挂钩和14枚用于悬挂纽钟的青铜钉（图18～20），编纽钟架倒伏范围内发现5件小型甬钟，即6～10号甬钟其中有3件鎏金龙纹甬钟，装饰纹样、风格与纽钟相同。因此，海昏侯编钟有可能与前述汉代三王墓一样，由14件纽钟和5件甬钟组成一堵诸侯王编钟，其余5件带铭文的大号甬钟构成另一堵，这是刘贺墓编钟在编列上与前述汉代三王墓的最大不同之处。

图17　漆伎乐俑

图 18　纽钟、甬钟出土场景
图 19　鎏金青铜挂钩
图 20　鎏金青铜钉

■ 酷爱音乐的刘贺

汉武帝令大儒董仲舒厘定雅制，恢复周礼，音乐方面任命音乐世家出身的李延年为协律都尉，令其和音协律，仿孔子采诗三百，立乐府采诗夜诵，广采赵、代、秦、楚各地音乐，从中寻找 500 年前的所谓雅乐，创作属于汉武盛世的"新声"。刘贺作为汉武帝之嫡孙，继承了祖父视儒家礼乐为正统之风，尽力恢复周代礼制。刘贺身为皇室贵胄，从小受到了很好的礼乐教育，酷爱音乐。《汉书·霍光传》中说他在主持汉昭帝丧礼期间，命人把乐府内的乐器发给他从昌邑王国带来的乐人，击鼓歌吹，又派人招来太一神庙的乐人，为他表演乐舞，全然不理会"居丧不言乐"的礼仪。

刘贺墓出土音乐文物除前述打击乐器编钟、编磬外，还有管弦乐器琴（图 21）、瑟、排箫以及出行导从乐器錞于、钲、镯、建鼓等，引发了音乐界和考古界的关注，堪称 21 世纪中国音乐考古的重大发现。

刘贺墓出土漆瑟 3 件，其中一件瑟禁有朱书题记："第一卅五弦瑟禁长二尺八寸高七寸昌邑七年六月甲子礼乐长臣乃始令史臣福瑟工臣成臣定造"（图 22）。一件普通乐器瑟的制作就涉及礼乐长和令史两级乐官，折射出西汉时期统治者对礼乐的重视程度。

主椁室甬道内出土 2 辆三马双辕彩绘漆木偶乐车，一辆为金车（图 23、24），配有青铜錞于（图 25）、青铜钲（图 26）、青铜镯（图 27）和青铜甬钟各 1 件；

图 21　漆琴

另一辆为鼓车，配有建鼓。类似的青铜钲曾在秦始皇兵马俑坑指挥车上出土过，与鼓同出，钟、鼓放置在同一辆车的做法，与海昏侯墓不同。青铜錞于和钲的组合则是西汉诸侯王墓军乐器的标准配置，除刘贺墓外，还在山东吕王墓 14 号陪葬坑、山东大武齐王墓 3 号陪葬坑和江苏大云山江都王墓中出土过。乐车两侧还配有 5 辆偶车，共同构成海昏侯车舆制度出行的导车和从车。其中乐车是汉代考古的首次发现，可以与汉代画像砖、画像石上的相关图案以及文献记载相印证。

古代战场一般击鼓进军，鸣金收兵，金车和鼓车配合使用，刘贺将它们用于出行礼仪，作为出行车队的前导车。偶乐车和外藏椁 5 辆真车的发掘，在某种程度上可以诠释汉代诸侯王的车舆制度及出行仪仗。2 辆偶乐车被放置在甬道中，从方位上统领甬道东西两侧的车马，这恰好体现了其前导车的性质。将这三类车马结合在一起看，出行时 2 辆偶乐车在前开道，刘贺乘坐的安车居中，4 辆辎车和随行人员在后扈从，海昏侯刘贺在地下世界出行的场景跃然眼前。

刘贺墓出土音乐文物组合规范，编钟、编磬构成雅乐乐悬，琴、瑟、笙、箫和伎乐俑组成俗乐宴设，錞于、钲、镯组成的金车和建鼓车则是典型的出行导从组合。其形制、组合在一定程度上反映了西汉对先秦礼乐制度的继承。

图 22　漆瑟禁铭文

图23　彩绘漆木偶乐车出土场景

图24　金车出土场景

图 25　青铜錞于
图 26　青铜钲　　　　　　　　　　　　图 27　青铜镈

刘贺夫妇上书木牍

上达天听　俯首称臣

尺　　寸：长 23.0、宽 6.6、厚 0.7 厘米
质　　地：木
出土位置：刘贺墓西藏椁

　　刘贺夫妇上书木牍共 58 版，单独放在一件漆笥内。所有木牍大小接近，呈长条形片状，天头空出 3 个字约 2.5 厘米的位置，遇"皇帝陛下""皇太后陛下"则另起一行，顶格书写；遇"陛下"就不用另起一行，也就是说，"皇帝""皇太后""陛下"这几个词在西汉上行公文书写中有非常严格的规定，"皇"必须顶格书写，与其他的字之间空出 2 个字的位置，以体现皇帝上承天意、下治万民的独尊地位；木牍单面书写，右起分列直书，以列（栏）间空白为间隔，每枚木牍书写列数不等，正文用隶书书写，末尾如果有记事或回复文字等内容，则用淡墨章草书写，以示区别（图 1）。

图 1 "臣贺" 木牍

■ 刘贺的"朝请"梦

汉代已有对公文进行分类的意识，并且制定了相应的规定，东汉蔡邕记述汉代官府制度的《独断》中将上行官文书分为章、奏、表、议四大类。奏用于下级官员向上级报告请求，章的使用则宽泛一些，官民上书都可使用。章的格式为"章者，需头称稽首上书""汉承秦法，群臣上书皆言昧死言"。西汉的列侯为二十等爵中最高一级，是爵位名称，不是官阶名称，刘贺夫妇不是官员，他们的上书只能是章，不是奏，因此他们上书称"昧死再拜上书言"（本书按习惯下文仍称"奏牍"，而非"章牍"）。

这些奏牍是海昏侯刘贺、海昏侯夫人待向皇帝、上官皇太后上奏的上行公文，刘贺的奏章中自称"南藩海昏侯""臣贺"，意即他是汉室的藩臣，在南方藩卫汉家王朝，体现的是他与汉皇室之间的君臣上下关系，是效忠皇帝、臣服朝廷的态度；夫人待的奏章中自称"海昏侯夫人""妾待"，与刘贺的奏章相比，少了"南藩"，称"妾"不称"臣"，表明当时前朝与后宫之间有严格的区分，夫人待只能向皇太后或皇后上奏，不过，出土奏牍中没有发现刘贺夫妇给皇后的奏章。

奏章大致分为两类，一类没有实际内容，只有上书者和上书对象以及"昧死""再拜"等格式用语，有"南藩海昏侯／臣贺昧死／再拜／上书／皇帝陛下""南藩海昏侯／臣贺昧死／再拜／上书／皇太后陛下""海昏侯夫人／妾待昧死／再拜／上书／皇太后陛下"三种格式，分5行书写，是所上奏章的封面，相当于今日的信封，标明了上奏者和受奏者，既便于公文准确传递，又可起保密作用。在汉代，奏牍正文写好后，要加一块封面，压在上面，用三道绳子捆绑牢固后加上封检，再派专人或通过邮驿系统传递。另一类为刘贺上书汉宣帝、皇太后，或夫人待上书皇太后的奏牍正文，有简短的内容，时间跨度可见元康三年至五年（公元前63～公元前61年）。据《汉书》记载，汉宣帝元康年号只用了4年，第五年三月下诏改元神爵，刘贺墓出土元康五年二月奏牍，可与文献互证年号。

所出奏牍大体与"朝贺""秋请""酎金"诸事有关，是刘贺夫妇愿望的表达。其行文格式基本一致，第一部分为上书人的头衔、名字即海昏侯刘贺或其夫人待；从第二部分为上书陈述的事情和上书呈献的对象即皇帝或皇太后；最后另起一行写上书时间，部分奏牍在上书时间之后记录对奏牍的回复或对奏牍收录处理的时间和处理的结果。比如，"贺正月"木牍，最后一句"元康四年二月丙子门大夫"为奏牍退回海昏侯府公文接收情况的记录，用淡墨章草书写（图2）。元康四年十月"贺正月"木牍："……/……/贺正月……/大后陛下陪臣行行人事……妾待昧死再拜以闻/大后陛下……/元康四年十月癸酉上。"这一奏牍系刘贺夫人"待"向上官皇太后上书，表达想派遣使者参加元康五年（公元前61年）正月朝贺典礼的愿望；另有数枚有关"贺正月"的木牍，是刘贺给皇帝或皇太后上的奏章，其中有"璧一白薦"字样，可以与《汉书》所记朝觐时需"皮币璧薦"相印证。刘贺收到诏书后及时上奏表示感激之情。元康四年"秋请"木牍："南藩海昏侯臣贺昧死再拜上书言/□□□臣贺昧死再拜谨使陪□□□事仆臣饶居奉书昧死/再拜为秋请/帝陛下陪臣行行人事中庶……臣贺昧死……/帝陛下/元康四年……"这一奏牍系刘贺上奏汉宣帝，请求派家吏仆饶居、中庶子两人代表自己参加元康四年（公元前62年）的秋请礼仪（图3）。下文中有关"酎黄金"的奏章，与此属于同一件事，说的是刘贺按照规定派家臣饶居代表自己向皇帝奉上该年应该交纳的酎金。出土奏章显示，同一件事，至少包括刘贺分别向皇

图2 "贺正月"木牍　　　　　　　　　　　　　　图3 "秋请"木牍

帝、皇太后，夫人向皇太后的 3 封奏章，足以说明刘贺对恢复宗庙祭祀权、重回朝堂是何等渴望。在西汉，王侯分封在全国各地，需要定期参加"朝请"，岁首朝见天子的大朝贺叫"朝见"，王侯必须亲自前往京城长安，并用白鹿皮币奉上青璧作为贺礼，这种皮币由少府特制，每张一尺见方，值 40 万钱，实际上是皇帝向王侯们收取赋税的一种方式，以此表示对皇帝的臣服、忠诚。汉初用《颛顼历》，岁首在每年十月，汉武帝太初元年（公元前 104 年）改正朔后，推行《太初历》，岁首在每年正月，宣帝时期的"朝见"在正月举行，所以刘贺在十月就提前上奏。每年八月朝见天子叫"秋请"，在太庙举行的饮酎礼王侯不必亲自前往长安，可以派遣使者代劳，但必须如数贡纳酎金。这既是王侯享有的政治权力，也是他们作为大汉臣子对皇帝应尽的义务。刘贺被分封海昏侯时，规定他无权参加"朝请"，他到豫章海昏后，就此不断上奏，表示愿意履行列侯的义务。从出土简牍和《汉书》相关记载来看，他恢复"朝请"权的愿望没有达成。

宗庙是汉王朝家天下的标志，是联系刘氏宗人血缘的纽带，也是祭祀祖先和议事、论政的重要场所。宗庙和社稷紧密相连，被视为国家的象征。当时宗庙祭祀场所多，祭祀礼仪复杂，祭祀频率高，祭祀费用大，需要诸侯王、列侯岁时参加宗庙祭祀，助祭贡金。参加宗庙祭祀，既是义务，又是刘氏宗人的一种政治身份，元康三年（公元前 63 年）汉宣帝在分封刘贺的同时，规定他不得参加宗庙祭祀，即剥夺了他的祭祀权。

朝请由西周的朝觐演变、发展而来，西汉时期，诸侯王、列侯分封在地方，形成国中之国，王侯要定期参加朝请，述职纳贡，这是一项重要的礼仪制度。春季叫朝见，诸侯王、列侯必须亲自到长安谨见皇帝；秋季叫秋请，一般是委派家吏代表王侯前往。参加朝请要具备一定的条件和资格，是身份和地位的象征，朝请行为必须事先上奏申请、获得批准后方可进行，这是诸侯王、列侯效忠皇帝、臣服朝廷的体现，也是维护君主独尊地位、控制诸侯王、列侯的一种重要手段，它对巩固和加强中央集权、促进与增强皇室内部秩序稳定有不可忽视的作用。据《汉书》记载，朝请制度是强制性的，如有违犯，就会受到严厉惩罚，比如东莞侯刘吉、重侯刘儋，或因没有按时参加朝见，或因没有派代表参加秋请，国被废除；豫章郡境内的建成侯刘拾于汉武帝元鼎二年（公元前 115 年）参加正月朝见，因为侯府行人呈送皮币荐璧，未准时赶到，侯国被废除。刘贺被册封为海昏侯后，多次上奏申请派人代表自己前往长安参加秋请礼仪，他的申请没有得到批准，奏牍原本被退回，最后随葬在墓中，表明刘贺经过多次争取，仍然没有获准参加宗庙祭祀。

■ 夫人是何身份

在当代的人际交往中，"夫人"一般用作对别人妻子的尊称。历史上夫人称谓的用法较为混淆。在先秦时期夫人是诸侯嫡妻、周王室贵妾的称谓，周王室衰败后，诸侯们僭越称王，嫡妻改称"王后"，姬妾得以如同周王室贵妾称"夫人"。秦始皇扫灭六国一统天下，消灭了春秋战国时期的贵族。汉初奉行黄老思想，认为儒家礼仪过于繁琐，等级观念在人们的思想中已有所松弛，使得夫人称谓较先秦宽泛。汉代

图4 "元康五年二月"木牍　　　　图5 "诏臣贺"木牍

皇帝贵妾、侯臣的嫡妻、各级政府对妇女的封号、社会上对已婚妇女的尊称，都可使用"夫人"一词。在武帝确定嫔妃等级后，有婕妤、娙娥、傛华、充依、美人、良人、八子、七子、长使、少使等称号，夫人称谓是对美人以上高等级嫔妃的泛称。

汉代皇帝的嫡妻称皇后，诸侯王的嫡妻称王后，列侯的嫡妻称夫人。刘贺有妻妾16人，奏书中出现的夫人"待"可以单独向上官皇太后上奏，当然是他的嫡妻，也是刘贺墓园中二号墓的主人。问题是，在已公布的刘贺夫妇奏牍中，给上官皇太后的有8版，没有给皇后的，耐人寻味。刘贺夫妇给上官皇太后上奏章，一方面说明她在刘贺夫妇心中的特殊地位，感激她在废立事件中给予的庇护。当年霍光是凭着上官皇后的诏书拥立刘贺为帝，废黜刘贺也是上官皇太后（刘贺以昭帝嗣子身份登上皇位后，昭帝的上官皇后自然成为皇太后，所以此时她的身份是皇太后）作的决断。在西汉历史上皇帝被废，性命难保，但上官皇太后在此事上力排众议，对刘贺宽待处理，把他改迁到故昌邑王宫，赐给汤沐邑，把原昌邑王国的财富一并赏赐给他。另一方面说明上官皇太后作为宗室长辈，在宣帝时期仍然有较多的话语权，有发布诏书的权力，分别以皇后、皇太后的身份发诏书立刘贺及刘询。刘贺无论是想保住列侯的地位，还是想复封诸侯王，唯一可争取的力量只有皇太后，给皇太后上书，希望得到她的帮助，是打感情牌，刘贺这么做，宣帝并不一定容忍。西汉朝廷建立了完善、有序、高效的公文传递系统，刘贺的上书也是通过这个邮驿系统或委派家吏呈交未央宫北阙，再由负责处理官民上书事务的公车司马令按相关规定呈送皇帝或皇太后。我们注意到，至少有2枚奏牍，背面有："以诏书不上／元康五年二月甲寅家丞……"记录了奏章被退回来的情况，说明该次上奏没有送达皇帝或皇太后（图4）。有数枚残牍："（皇）帝陛下陛下使谒者幸赐（臣贺）书……""……玺书一……""诏臣贺正躬衔意于道术臣贺谨再拜……"，大致意思是说汉宣帝给刘贺下了一道密诏，让他专心于道术（图5），别想"朝请"之类不切实际的事，说明宣帝限制刘贺夫妇上奏。刘贺收到使者送来的密诏后，及时向皇帝上书表示照办。这也是出土奏牍中时间最晚的，可能此后刘贺夫妇就不再上奏了。

■ 海昏侯国的官员体系

海昏侯国设立了两套官员体系，一套是隶属豫章郡、相当于县级行政管理的职官体系，分封海昏侯国后，原海昏县的行政体系并没有改变，只是按相关规定，把原来的县长改称为侯国相。行政职官体系包括相1人，主管侯国行政事务，属于西汉朝廷任命的地方长官，与侯府没有隶属关系，即《除海昏侯国诏》中所说的"天子之吏治其国"（参见本书第26页图9）；丞1人，是相的助理；尉1人，主管侯国军事，他们共同组成侯国的长吏队伍；乡有秩、令史、狱史、官啬夫、乡啬夫、游徼、牢监、尉史、官佐、乡佐、邮佐、亭长若干人，皆为百石以下斗食少吏，分别协管海昏侯国的吏治、民政、赋税、诉讼、治安、邮政等行政事务。《除海昏侯国诏》显示，刘贺死后，海昏侯国接到豫章郡转发的诏书后，相千秋、丞同共同签发，把该诏书下发给海昏侯府。

另一套是由朝廷任命，为刘贺服务的侯国家吏职官体系。汉代列侯的食邑称为侯国，侯府则称为"侯家"，侯府的官吏称为家吏。据江苏东海县尹湾西汉元延三年（公元前10年）师饶墓出土简牍，西汉后期侯国家吏的标准配置为18人，包括家丞1人，官秩300石，总管侯府一切事务，诸如掌握侯国印绶、文书，代表列侯向朝廷上书等，实际上是侯府的大总管。仆、行人、门大夫各1人，官秩百石，仆是家丞的助理，协助家丞管理列侯出行等日常事务；行人负责侯府对外交往礼仪；门大夫负责侯府值守，检查、登录进出人员、物资和文书。先马、中庶子14人，为斗食吏，先马负责列侯出行的前导威仪；中庶子属于列侯身边带顾问性质的侍从。刘贺夫妇奏牍显示，海昏侯府的家吏有家丞、仆饶居、行人忠以及中庶子、门大夫，只缺少先马一职。总体来看，海昏侯国的家吏系统与当时其他侯国的情况大致相同。

■ 公文为何殉葬？

刘贺夫妇向朝廷上奏的官文书正本为何会出现在刘贺墓中？《汉书·景帝纪》云："列侯薨，遣太中大夫吊祠，视丧事，因立嗣。"神爵三年（公元前59年）九月初八，刘贺死后，汉宣帝根据豫章郡太守廖的上奏，经廷仪后下诏废除了海昏侯国。刘贺墓出土的《除海昏侯国诏》显示，当年朝廷并没有按照相关礼仪派负责宗室事务的朝官主持葬礼，只是同年十月十七日豫章郡太守廖根据当时的公文处理规定把《除海昏侯国诏》下发给相关单位；十月十九日，海昏侯国把豫章郡转发的诏书下发给海昏侯府。这些奏牍中相当一部分，便是随同《除海昏侯国诏》一起下发到豫章郡刘贺家，按照规定放入刘贺墓中。这也就能解释，为何海昏侯夫人待的上书木牍出现在刘贺的墓中，而不在侯夫人墓中。这些奏牍正本殉葬于刘贺墓中，体现了一种较为独特的汉代公文销毁制度。

刘贺墓出土奏牍或是迄今所仅见的等级最高的汉代上行公文原本，是刘贺夫妇上奏汉宣帝与上官太后的上行官文书，涉及朝贺、酎金、秋请等内容，对研究当时的朝请制度、公文制度和刘贺被封为海昏侯前后的历史有重大意义。比如元康四年（公元前62年）"酎黄金"木牍（图6），还可以与同墓出土的"元康三年"墨书饼金铭文互证（参见本书第49页图1）。目前所见汉代官文书，如武威出土的《王杖诏令册》、玉门关出土的《武帝遗诏》等多系转抄，并非官文书的正本。刘贺墓出土奏牍是仅见的汉代高等级公文原本，对西汉公文制度研究具有重大价值。

西汉是中国文化史上的重要时期，更是中国书法史上的重要时期。隶书在汉代获得大发展，成为官方文书通用文字。刘贺墓出土奏牍上的文字应为专业刀笔吏代写，属标准汉隶，用笔沉稳，隶写规范，文字秀美，庄重典雅，既是这一时期不可多得的书法珍品，又是研究西汉中期隶书的重要材料。对于西汉中晚期书法，尤其是皇家书法是一个极大的补充，填补了史料空缺，有助于深化我们对汉代隶书演变过程的认识。这些奏牍以单块木牍独立成篇、多行书写，字间距均匀，这一形制较为少见，丰富了我们对汉代公文的认识。奏牍体现了汉代公文写作的格式规范与内容要求，明确的抬头制度、规范的格式用语，不仅能与其他出土文献进行对比，还能与传世文献进行互证。通过解读刘贺夫妇奏牍，不仅有助于确定墓主人的身份，还将丰富人们对西汉历史、文化、艺术的认知。

图6　"酎黄金"木牍

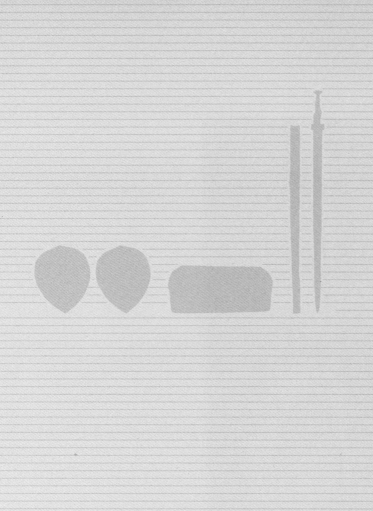

贰 — 王侯器用

羱羊纹银马珂

丝路胡风　汉匠新工

尺　　寸：长 12.5、宽 10.0、厚 0.3 厘米
质　　地：银
出土位置：刘贺墓车马坑

　　羱羊纹银马珂出土于刘贺墓外藏椁，即车马坑。银质，形似杏叶，内折的浅沿上均匀分布小穿孔，供固定在革带上。主体纹饰为独角羱羊跳跃于祥云之间。羱羊作登山回首状，羊头较长，双耳竖起，头顶有一弯刀状大角，双目有神，嘴微张，颌下有长须，右前腿抬起，左后腿弯曲，尾上翘，肢体灵动飘逸，动感十足，弯曲而夸张的角、飘逸的胡子、高扬的尾巴、修长的脖子以及回头观望时警觉的眼神，栩栩如生，制作精工，十分美观，堪称一件精美绝伦的艺术佳作（图1）。银马珂采用我国传统细金工艺中的錾刻法制作，高浮雕纹样采用了台、采、脱錾技法，在马珂背面用錾刀顶出所需纹样的高度后，再在正面用不同的采、落方式錾刻出浮雕的效果。

羱羊（yuán yáng）：
即北山羊，原产地是阿尔卑斯山。

图 1　羱羊纹银马珂

■ 当卢与马珂

当卢是缀于勒或络头、饰于马额中央的金属饰具。"卢"即"颅"的通假字，因在马头颅正当中，故名"当卢"，又名"钖"。《诗经·大雅·韩奕》有"钩膺镂钖"之句，《毛诗正义》郑玄笺云"眉上曰钖，刻金饰之，今当卢也"，孔颖达疏说"《巾车》注亦云：'钖马面，当卢刻金为之。'所谓镂钖当卢者，当马之额卢，在眉眼之上。"可见当卢是系在马额头中央部位的金属饰品，一般在马的额头中央偏上部，通过额带固定在马鼻革与额革的交接处。当卢作为马饰的一部分，与人类对马的驯服、使用和时代审美息息相关，在世界各地，尤其在游牧骑马民族占主导地位的北亚、西亚和中亚一带都有发现。当卢在我国出现于商代，西周时期形成了当卢、马冠等一套极富装饰性的车马器。西汉时期，当卢制作与使用非常普遍，中原地区的汉墓中多有发现，河北满城中山靖王刘胜墓内曾出土当卢38件，但在长江以南地区却十分罕见。

马珂是一种小型装饰物，见于马身披挂的攀胸、鞦带或者蔽泥上。唐代李贺《马诗》说："汗血到王家，随鸾撼玉珂。少君骑海上，人见是青骡"。据《宋史·仪卫志六》："马珂之制，铜面，雕翎鼻拂，攀胸，上缀铜杏叶、红丝拂。"

刘贺墓西侧占地约80平方米的外藏椁，是我国长江以南地区迄今发现的唯一一座汉代真马实车陪葬坑，内有5辆木质彩绘车，分属安车和轺车，马车下葬时经过拆卸，被拆卸下的车马器装入彩绘漆笥内放置在椁底板上；坑内发现殉马的痕迹（图2）。车马坑中出土车马器3000余件，制作工艺精湛，鎏金嵌银。其中当卢80多件，样式有长条形和特角形之分，材制有青铜、银之别，装饰工艺有鎏金、鎏银、错金银、嵌宝石数种，装饰纹样多为珍禽瑞兽，其数量之多、纹样之美、做工之精、装

图2 刘贺墓车马坑正射图

饰之繁，属考古出土所罕见，且多数四件一组，造型、装饰风格相同，装饰图案略有变化，与安车驷马之制暗合。另有1件羱羊纹叶形银马珂、3件鎏金朱雀纹葫芦形青铜马珂、8件鎏金朱雀纹叶形青铜马珂（图3）在已公布的简报中命名为当卢。经认真比对研究，笔者发现此类马具与常见的当卢不同，背面没有用于固定在皮革上的鼻梁（图4），只是在器身周边设有若干小穿孔，无法固定在马鼻革与额革交接处的额带上，尤其是葫芦形者，上小下大，与马面上宽下窄正好相反，如佩戴在马面上，也不美观（图5）。因此我们认为此类马具是马珂，器身周边的小穿孔便于把它缝在攀胸上，江苏大云山江都王墓2号车马坑4号车左骖马佩饰的也是葫芦形马珂，证明

图3　鎏金朱雀纹叶形青铜马珂
图4　青铜当卢背面　　　　　　　　　　　图5　青铜马珂背面

孙机等学者把葫芦形马具推定为马珂是正确的（图6）。

　　刘贺墓出土的羱羊纹叶形银马珂作杏叶形，正好与相关文献记载暗合。现有考古材料显示，精美实用的汉代马珂主要见于各地高等级墓葬，形状、材质和纹饰多样。其中，装饰羱羊纹者，除刘贺墓外，还发现于汉文化区的陕西西安市西北郊长安城武库第七遗址（图7）、河南杞县许村岗木椁墓、广西西林普驮"二次铜鼓葬"汉墓（图8），以及匈奴文化区的俄罗斯查拉姆墓地、蒙古国高勒毛都2号墓地，这些羱羊纹马珂，虽然器型、材质、工艺有差异，但图案结构基本一致，羱羊纹居中，四周饰以云气纹、山石纹，具有强烈写实风格，应该出自相同的设计图样，或者原本就是中央工官的产品，通过贸易、赏赐等方式传播到各地。装饰朱雀纹者，除刘贺墓外，还有云南西汉晚期滇王及其家族墓地7号墓、河南永城黄土山西汉中期梁王夫人墓、安徽六安双墩西汉中晚期六安王墓，其纹饰和造型均如出一辙。

图6　江苏大云山江都王墓左骖马佩饰复原示意图

图 7 透雕羱羊圆形玉佩

图 8 羱羊纹马珂

■ 汉韵胡风

野山羊是典型的高山动物，又被称为大角羊或者北山羊，大角羊是据羊角的形状而言，北山羊是据羊的主要生活区域而言，野山羊是据驯化与否而言，其正式称谓为"羱羊"。西汉史游《急就篇》云："西方有野羊，大角。牡者曰羱，牝者曰羠。并以时堕（椭）角，其羱角尤大，今人以为鞍桥。"因此，把以前报道的刘贺墓山羊纹银当卢命名为羱羊纹银马珂更为妥当。羱羊纹艺术母题，源自北方草原文化。现有考古材料表明，羱羊及其艺术品最早出现在西亚地区，在伊朗西南部的埃兰一带，公元前4000年左右苏萨古城出土的陶瓶中已能够见到羱羊形象。春秋战国时期在我国的北方和西北地区，开始出现羱羊纹艺术品。战国晚期以来，北方草原地带的匈奴系族群，逐渐形成了强大的社会组织与文化共同体，并与南方的秦、燕、赵以及秦汉王朝发生频繁的文化交流，尤其是战国晚期赵武灵王胡服骑射后，北方草原地区的一些文化因素即以较快的速度传入中原，经过加工改造，融入中原文化中。草原文化对中原文化产生影响，在秦汉社会上层出现一股使用、拥有匈奴风格物品的"胡风"，这一风气在西汉早中期甚为浓烈，基本与匈奴对中原的政治、军事影响力相始终。比如，山东洛庄吕王墓、徐州狮子山楚王墓、徐州宛朐侯刘执墓、河南芒砀山梁孝王王后墓等出土了此类风格的马具或扣饰，刘贺墓出土的羱羊纹圆形银马珂以及神兽形石饰件（图9、10）、双狼噬猪形石饰件也带有明显"胡风"。类似的标本从东周一直延续到西汉，分布地域在中国北方，包括河北北部、辽宁西部、内蒙古等地，以及蒙古国、俄罗斯西伯利亚一带。

羱羊在亚洲主要分布于中国西北地区和中亚，且银器的锻造、锤打工艺也源自西域，因此羱羊纹银马珂是汉代丝绸之路的重要物证。仔细观察这件银马珂独角羊之脚的造型，可以发现它与典型的匈奴风格有细微差异，很可能属于中原工匠的仿制品。考古发现表明，羱羊纹不仅见于马具，还见于生活日用品，汉代羱羊纹题材广泛流行，除前面介绍的几件羱羊纹马珂外，还有山东宁阳城西黄茂村出土的西汉错金银车饰上有羱羊纹，江苏扬州邗江姚庄西汉晚期M101号墓出土漆奁饰有羱羊纹，山西朔州开发北路西汉墓出土1件羱羊纹带钩，刘充国墓出土青铜圆雕羱羊等（图11）。

图 9　猰羊纹圆形银马珂

图 10　神兽形石饰　　　　　　　　　图 11　圆雕青铜猰羊

釦银贴金神人异兽纹漆笥

雕镂釦器　百伎千工

尺　　寸: 长 19.5、宽 7.0、高 8.0 厘米
质　　地: 木
出土位置: 刘贺墓西藏椁

　　釦银贴金神人异兽纹漆笥呈长方形，由委角式器身与盝顶式器盖两部分扣合而成。器壁分内外层，外壁和器底为斫制木胎；内壁为夹纻胎，卷制，紧贴于外壁，向上延伸形成子口，子口、器底有银釦。盝顶式器盖，平顶和四面坡为斫制木胎，四壁为夹纻胎，卷制，盖平顶与四面坡、四面坡与四壁之间以及盖口部均有银釦。器盖、器身四面各镶嵌 1 个青铜铺首衔环，共 8 个。外髹黑漆为底色，用红漆绘云气纹，通体贴金、银箔构成主题纹饰，有云气、山川、羽人以及龙、虎、鹿等珍禽瑞兽纹，图案精美。这些人物、动物跳跃于充满象征着仙界的云气中，描绘出一幅充满生机的神仙世界。内髹朱漆，盖内用黑漆绘珠螯纹，衬以云气纹；内底用黑漆绘流云纹（图 1）。这件造型简练、图案繁复、线条优美、色泽艳丽的漆笥，集西汉时期斫木、夹纻、彩绘、釦银、贴金、镶铜等众多漆器工艺于一体，展现了西汉高超的漆器制作工艺，是西汉中后期漆器的典型代表。

笥（si）:
方形容器，常用来盛放饭食或衣物。

图1 釦银贴金神人异兽纹漆奁

■ 错银戗金，飞扬华彩

刘贺墓出土了一大批釦银贴金、嵌铜漆器。釦器是指口沿用金属装饰、加固的漆器，有加铜边、铜耳银边，也有纯以金镶边的。这一工艺原本是适应漆器胎骨减薄而创新的一种加固技术，西汉中后期发展成为上等漆器的装饰工艺，各工种分工明确，管理严格，需由素工、髹工、上工、黄涂工、画工、汩工、清工、造工等经多道工序分工协作制成。

这件漆筒运用了西汉创新的金银贴花技术，类似于后世的金银平脱技法，金银相间，黄白争艳，色彩斑斓（图2）。金银贴花是西汉时期制作高级漆器的工艺技术。金箔是用纯黄金锤打成的薄片，黄金具有良好的延展性和可塑性，1克黄金可以打制成约0.5平方米的金箔。金箔的性质十分稳定，抗氧化、防潮湿、耐腐蚀、防霉变，并且永不变色，是高级装饰材料，反映了当时王公贵族对于雅致生活的追求，是汉武帝时期以后社会崇尚奢华的体现。

其制作过程大致为：先由"素工"制作器胎，"上工"刮漆灰，"髹工"髹黑漆，"黄涂工"安装铜鎏金或银釦口、耳、边、提手等金属构件，借助漆面黏性极强的特性把金、银箔贴在器表，再由"髹工"反复在胎体上加髹黑漆，直至漆层的厚度与金箔厚度相同，"汩工"在器内腹髹红漆，待阴干后由"画工"在适当部位绘画图案，最后由"清工"对制作好的器皿平整打磨，"造工"负责全过程，是总协调人（图3）。

据卫宏《汉官旧仪》记载，皇帝使用的漆器装金釦，皇后的装银釦。为适应宫廷排场，这类漆器的生产批量大，质量精，有的还贴上用金银薄片剪出的图样，在器盖上镶嵌柿蒂形金属饰件，用玉、玛瑙、水晶或琉璃珠作盖纽，再施以多色彩绘，极绚烂华贵之能事（图4～6）。汉代装黄金釦的漆器仅见于广州南越王墓，但已出土的装银釦漆器在西汉中后期则比较常见。

彩绘是漆器中最基本的装饰技法，古人将生漆加热，去掉水分，生漆就会变成棕红色的半透明漆，然后将采集到的植物油料或矿物颜料加入半透明漆中，调配出五颜六色的漆料。这件漆筒器表以黑漆为地，红漆作画，器里则以朱漆为地，黑漆作画，通观全器，黑色沉静，红色活泼，色彩上产生强烈对比，交相辉映，十分协调，黑红基调的色彩搭配，给人强烈的流动感、力量感和艺术美感。刘贺墓出土的釦银贴金漆筒、流云纹漆案等漆器（图7），在造型、装饰上代表了西汉漆器制作的巅峰水平。

图 2　釦银贴金神人异兽纹漆笥纹饰
图 3　釦银贴金神人异兽纹漆笥（复制品）

图 4　贴金虎纹漆器
图 5　贴金嵌铜镶宝石漆奁盖（局部）

图 6　釦银贴金嵌铜动物纹漆樽

图 7　流云纹漆案与杯盘组合

■ 漆器时代

漆树原产我国，三烯漆酚含量高的优质生漆是我国的特产。除漆酚外，生漆还含有漆酶、树胶和水分等，其中的漆酶起催化作用，促使漆酚聚合成膜。漆膜光亮坚韧、耐磨、耐热、耐油、抗酸碱，具有优良的防渗性能。我国先民早在距今8000年以前的新石器时代就发现了漆的这一特征，将它涂在木器上，发明了光鲜亮丽的漆器。三代漆器考古时有发现。战国时期楚国漆器一枝独秀，漆器纹饰呈现一派新风，极为活泼，漆绘"细入微芒""落笔却一挥而就"。西汉时期，漆器制作总体水平在战国时已达到的高度上又前进了一步，战国时出现的麻布胎漆器大量增加，器物种类更丰富，工艺更精湛，西汉杨雄《蜀都赋》赞美漆器"雕镂釦器，百伎千工"。当时精美的漆器均产自中央工官和地方工官管理的漆器作坊，在中央工官管理的作坊有少府所属考工室、右工室，简称考工、右工。地方工官中生产漆器的有河内郡、蜀郡和广汉郡，《盐铁论》中说的"野王纻器"就是指河内郡野王县出产的漆器。不同质地的漆器有不同的名称，木胎漆器称为"木某"，麻布胎漆器称为"布某""绪某""缯某"或"纻某"，木胎贴麻布漆器称为"侠纻某""木侠纻某"。比如漆器铭文"绪银碗十枚"，是指麻布胎银釦漆碗，该批次共制作了10件（图8）；"纻黄釦饭盘"是指麻布胎鎏金铜釦漆盘；"木侠纻杯"则是指木胎贴麻布漆杯。

图8　"绪银"漆碗

汉代漆器以其色美、质轻、防渗、耐用等优点，取代青铜器成为人们日常生活中使用的器具，产品标准化程度高，服务于社会生活的诸多方面。西汉桓宽在《盐铁论》中说漆器是当时"养生送终之具""富者银口黄耳，金罍玉钟。中者野王纻器，金错蜀杯。夫一文杯得铜杯十，贾贱而用不殊。箕子之讥，始在天子，今在匹夫"。所以西汉大墓中往往陪葬许多漆器，动辄数以百计，如江苏邗江姚庄 101 号墓出土漆器 131 件，湖北江陵凤凰山 168 号墓出土漆器 165 件，湖南长沙马王堆 1 号墓出土漆器 184 件、3 号墓出土漆器 316 件，四川绵阳双包山 2 号墓出土漆器 340 余件等。

秦汉时代是古代中国从王国演进到帝国的时代，是中国古代历史上一个重大转折时期。从考古学观察，古代历史上的重大转折时期必将在相应物质文化载体上表现出来，漆器是这一时代最具特色的标志性物质文化，漆器品类涵盖礼器、乐器、兵器、生活用品及葬具、明器等现实社会乃至神鬼世界各方面、各领域。漆器是秦汉时代从物质到精神层面发生社会变革最重要的物质载体，是西汉生产形态、生活方式、社会时尚、审美趣味、思想观念、信仰习俗和时代精神的集中体现。漆器之于西汉，犹如青铜器之于三代、金银器之于隋唐、瓷器之于宋元明清。西汉漆器，品类之多样、产量之巨大、造型之精美、装饰之瑰丽、工艺之精致、质量之精良、价值之贵重、应用之广泛，是任何时代的漆器都无法比拟的，进入中国漆器的巅峰时代，在形式设计、胎体制作、髹漆技法、装饰工艺、艺术形态、造物理念等方面对后世漆艺文化产生了广泛而深远的影响，因此汉代又被称为中国漆器时代。

刘贺墓出土漆木器约 3000 件，其中较为完好、能辨识出器形者 1100 余件，既有壶、鼎、耳杯、盘等饮食器皿，也有奁、盒、笥等生活日用品和盾、剑鞘之类武器（图 9），琴、瑟之类乐器，更有大型通体髹漆的钟磬架、乐车等，是目前已知西汉墓葬中出土漆器品种、数量最多的一处。刘贺墓漆木器在数量上远超马王堆等同时期墓葬，一批带有"私府""昌邑"款识的器具，说明昌邑王国有自己的专属漆器作坊，代表了汉代诸侯王国的漆木器制作水准。第十七号木牍有关"长安木斗盘""长安木小盘""长安小杯"的记录（图 10），结合木牍附近出土相关漆盘、漆杯，让我们得以一窥汉代长安式样漆杯、盘的风采（图 11、12），此类对鸟纹漆耳杯，西汉中后期在全国范围内广为流行，刘贺墓发掘后，我们得以知道此类耳杯在西汉中后期叫长安木杯。刘贺墓漆木器的出土，为研究汉代漆木器制造工艺、装饰纹样、器物形制、器用等级以及诸侯王国漆器生产组织管理提供了珍贵资料。

图 9 龙纹漆画盾局部（正、背面）   图 10 "第十七"木楬

图 11　漆盘

图 12　对鸟纹漆耳杯

玉具鎏金扁茎折肩青铜剑

玉具宝剑　君子武备

尺　　寸：剑
　　　　　通长 77、宽 3.5 厘米
　　　　　铜剑首
　　　　　直径 3.0、高 2.5 厘米
　　　　　玛瑙剑格
　　　　　长 5.2、宽 2.4、厚 1.9 厘米
　　　　　玛瑙剑璏
　　　　　长 5.0、宽 2.0、厚 1.7 厘米
质　　地：青铜
出土位置：刘贺墓内棺 刘贺遗骸左腰外侧

　　玉具鎏金扁茎折肩青铜剑是刘贺的随身佩剑（图 1、2）。圆盘形铜剑首，与剑茎分铸，底部细柱开凹槽，两侧对穿圆孔，正好可以与剑茎末端圆孔对穿，便于用细钉横穿铆合。扁茎，茎末端有 1 个小圆孔，用于与剑首铆接，茎上装黑漆木柄（当时称夹），便于握持；窄长条形腊，中脊隆起，两从呈弧形下凹，形成血槽，锐锋，通体鎏金，是春秋晚期以来流行的无格扁茎长条式剑。茎与腊交接处套接红缟玛瑙剑格，白色部分纯净透明，玻璃光泽，红色部分呈致密块状分布，属于上等玛瑙红白料；剑格正视呈凹字形，上端中部琢出凹形缺口，中间起脊，下端出尖；中有一个菱形穿孔。出土时铜剑插在黑漆剑鞘内，剑鞘正面中部偏上位置镶嵌玛瑙剑璏，白色部分纯净透明，玻璃光泽，红色部分呈致密块状分布，属于上等玛瑙红白料；玛瑙剑璏作短檐式，呈长方拱形，弧角长方形仓居中，两端出檐、无出卷，江西南昌县莲塘镇汉墓曾出土类似玛瑙剑璏（图 3）。

图 1　玉具鎏金扁茎折肩青铜剑

首

茎

镖

格

腊

锷

从

脊

锋

图2 刘贺内棺玉具剑出土场景

图3 红缟玛瑙剑璏

图4 剑各部位名称示意图

■ 玉具剑之名

青铜剑始于商代，盛行于春秋战国，沿用至秦汉。剑各部分的名称分别为：剑身前部为"锋"，中间凸起直达剑锋的棱线为"脊"，脊两侧为"从"，从两侧的刃部为"锷"，脊与从合起来称"腊"；剑柄为"茎"，茎周凸起称"箍"，柄末端护茎物为"首"，茎与腊交接处的护手为"格"（图4）。剑是一种用于佩带的兵器，它本身没有设置用于佩带的构件，刃部很长，如果不包裹起来，佩带在身上就不安全，因此从剑开始作为佩饰时必带鞘，早期的剑鞘有木、铜、象牙、皮革数种材质，战国秦汉时的剑鞘多为木质，由两片木条夹合而成，呈上宽下窄的不规则长条形，截面为扁椭圆形，外裹布或缠丝麻，然后髹漆、彩绘。

玉具剑在汉代泛指用玉、玛瑙、琉璃、水晶之类玉石装饰剑体和剑鞘的剑，剑柄与剑鞘上镶嵌的玉石配饰，称为玉剑饰，是玉具剑的必备构件。玉具剑萌芽于西周晚期，形成于春秋、发展于战国时期，至两汉达到鼎盛。据《汉书》记载，西汉时期，除玉具剑外，还有驳犀具剑和楄具剑，驳犀具剑是指用角或玳瑁之类材料装饰的剑；楄具剑则是指用木料装饰的剑。玉具剑这一名称最早见于西汉，《史记·田叔列传》记载，汉武帝下诏，从大将军卫青门客中挑选郎官，卫青令富有的门客"具鞍马绛衣玉具剑，欲入奏之"。考古资料显示，西汉时期始见装饰4种玉剑饰齐全的玉具剑，河北中山靖王刘胜墓、广东广州西汉南越王墓、河南梁孝王王后李氏墓、河南南阳百里奚西汉墓、山东巨野红土山西汉墓和江西南昌刘充国墓均出土了带有完整玉剑饰的玉具剑，上述墓葬均为西汉高等级贵族墓，以刘胜墓玉具剑时代最早。

商周时期剑短，剑直接插于腰带上，后来由于剑体逐渐加长，直接插于腰间已十分不便。大约在东周初期，在剑鞘外置璏，从璏孔穿过腰带而佩于背后或身侧，但毕竟前者易于滑脱，而后者因剑紧贴腰身，不便抽取，加之剑体逐渐增长，更觉不便，于是改为另系剑带。《左传·襄公二十一年》有所谓"衣裳剑带"的记载，它是以丝、韦或革穿过璏孔，将剑佩挂于腰间，方便抽取。若为丝带，则将其两端系结于腹前，如秦始皇陵车马坑出土铜车马一号御手俑之剑带，带尾呈八字形分披垂于腹前，这样可使带稍稍向下拖垂，为拔剑留下活动余地。革质剑带则用剑带钩勾括，因璏孔不大，所以剑带不会太宽，比腰带细，剑带钩自然小于衣带钩，因此，剑带钩在汉代也可视为剑不可或缺的配套物品，刘贺墓内棺腰部出土了大小二种玉带钩，大者通长13.3厘米，小者通长仅3.5厘米，大者为衣带钩，小者应该是剑带钩（图5）。

玉器依据其功能，大致可分为礼玉、饰玉、葬玉三大类，而玉剑饰的特殊之处，在于它通过不同的存在形式，同时实现着玉器的多重功能。玉剑饰最容易被认同的角色为饰玉。饰有玉饰的玉具剑，或为天子之赏，或为贵族之佩，常常成为身份与等级的象征，因而又蒙上一层"礼法"色彩。玉剑饰作为殉葬品放入墓中，便可视为"葬玉"。由此，一件雕饰精美的玉剑饰，便同时具备了玉器的多重属性，能折射出一个时代的文化影像。

　　从考古发掘来看，玉剑饰的出土集中在战国秦汉时期，成套出现的玉具剑极其少见，大多为散落的构件，刘贺墓西藏椁一件漆笥内就出土了玉石剑饰44件，造型、纹饰、材质各异，看不出成套的特征。广州西汉南越王墓西耳室一件漆盒中出土了43件玉石剑饰，其中有32件可以配成8套四种剑饰齐全的玉具剑，加上墓主内棺玉衣内2柄剑饰齐全的玉具剑，南越王墓成为西汉出土成套剑饰最多的墓葬。从具体玉剑饰来看，剑首、剑格、剑璏、剑珌在各个时期均有所变化，不同的装饰纹样与雕刻技法，彰显出不同时期的审美取向，一块掌心大的玉剑饰，不仅装点了匣中宝剑，也承载着宝剑主人的审美趣味。春秋时期，玉剑饰造型、纹饰单一，数量稀少；战国时期用料浑厚，素面或谷纹、云雷纹等几何纹装饰的玉剑饰较多，雕琢技法以阴线刻为主。秦汉时期有渐趋繁复的倾向，工艺与造型富于变化，流行兽面纹、螭虎纹、龙纹等动物纹，尤以高浮雕螭虎纹最具时代特色，浮雕、透雕、圆雕等技法的运用达到了炉火纯青的境界。西汉是玉具剑发展的极盛时期，玉剑饰不仅造型优美，纹饰多样，用料考究，而且雕琢技艺也十分精湛，刀法简约大气，琢磨抛光细腻，纹饰线条或简洁自然、粗犷苍劲，或精准规矩、圆润婉转，具有极高的工艺水平，为历代玉剑饰之冠。

图5　刘贺内棺玉带钩、玉剑带钩出土场景

■ 刘贺的玉剑饰

海昏侯刘贺墓出土玉器 400 多件（套），在这些琳琅满目的玉器中，玉剑饰最吸引人，数量多达 95 件，接近总数的 1/4。其中 44 件玉剑饰与 145 件各式玉器、玉料集中存放在西藏椁一件漆笥内，应为刘贺收藏的物品；其余 48 件出土时装饰在剑身或剑鞘上，既有木剑，又有青铜剑、铁剑，以木剑为主，最为重要的当属外棺盖板上的 3 柄玉具木剑，共饰有 8 件玉剑饰，内外棺之间 1 柄玉具铁剑、内棺 1 把玉具鎏金青铜剑，各饰有剑格、剑璏 2 种玉剑饰；这些玉具剑没有一柄装饰成套 4 种玉剑饰，最多的也仅仅装饰 3 种玉剑饰。有意思的是刘贺长子刘充国墓出土了数把玉具剑，棺内出土的一柄玉具铜剑饰有 4 种不同材质的剑饰，剑首为青铜，剑格为琉璃，剑鞘饰玉剑璏、木剑珌；一柄玉具铁剑却饰有成套的 4 种玉剑饰，为我们认识西汉玉具剑玉剑饰的数量与佩带者身份地位问题提供了新的视角。过去出土成套 4 种玉剑饰的墓均为诸侯王墓，人们据此认为这是诸侯王玉具剑的标配。刘充国死时的身份为海昏侯国世子，还没有继承侯位，却随身佩带 4 种玉饰齐全的玉具剑，与刘贺随身佩剑仅饰 2 种玉饰的情况形成鲜明对比。同时我们也注意到，刘贺墓内外棺之间的玉具铁剑玉饰质地是该墓园所有玉剑饰中最好者，属上等和田白玉籽料，琢制精工（图 6）；刘贺墓内棺出土刘贺随身佩剑剑饰为玛瑙，质地纯净，制作精工，这是汉代墓葬出土的唯一一柄用玛瑙装饰的玉具剑，而且是极为名贵的红缟玛瑙，在众多汉代玉具剑中显得特别突出。相比之下，刘充国的佩剑，虽然 4 种玉剑饰齐全，但玉质较差，工艺粗糙。

一套完整的玉剑具，通常包括玉剑首、玉剑格、玉剑璏、玉剑珌 4 种玉饰，玉剑首和玉剑格是镶嵌在剑身上的玉饰，体型较小；玉剑璏和玉剑珌是装饰在剑鞘上的玉饰，常穿剑带用以悬挂、佩系，体型相对较大。其定名始于唐代颜师古注《汉书·匈奴传》"玉具剑"条，孟康曰："摽首镡卫，尽用玉为之也。"孟康认为一柄完整的玉具剑包括玉摽、玉首、玉镡、土卫 4 种构件，即通常所说的珌、首、格、璏四类。颜师古对孟康关于玉具剑 4 种剑饰的解释为：镡，剑口旁横出者也。卫，剑鼻也。镡，音淫。卫字本作彘，其音同耳。"以诸多考古文献对剑饰名称引用来看，"剑镡"应为"剑格"，"剑卫"应为"剑鼻"或"剑彘"。《汉书·王莽传》中也有一则关于玉具剑剑饰的注释，服虔曰："璏，音卫。"苏林曰："剑鼻也。"师古曰："璏

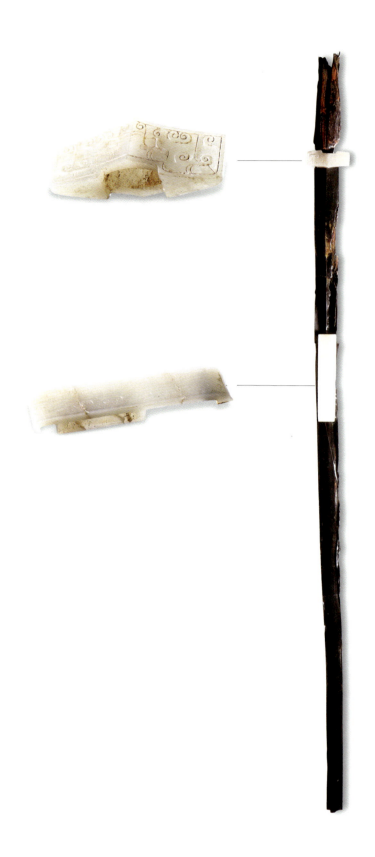

图6　刘贺墓内外棺之间出土玉具木剑

字本作璏，从王，彘声，后转写者讹也，璏自雕璏字耳，音篆也。"故剑卫又可称"剑璏"。这样，孟康所说的"剑卫"亦被称为"剑璏"。

玉剑首是装饰在剑柄顶端的玉饰，正视以圆饼形居多，侧视略呈倒梯形或喇叭形，顶面常饰有谷纹、勾连云纹，背面有圆形榫槽，以便与剑茎相接。刘贺墓出土玉剑首8件，有玉、蛇纹石两种材质，分圆饼形和圆台形两种，以圆饼形为主。装饰纹样有螭虎纹、云纹、谷纹、柿蒂纹、凹涡纹数种。其中出廓螭虎纹柿蒂纹玉剑首，青白玉，细腻温润，浮雕螭虎纹出廓环绕剑首一周，中间为压地浅浮雕柿蒂纹，是难得的精品（图7）。

玉剑格是镶嵌于剑柄与剑腊交接处的玉饰，又称剑珥、剑镡，《敦煌悬泉汉简释粹》中载："入铁镡剑，永始三年六月癸卯"，可见在汉代，"剑格"称"剑镡"。剑格正视略呈长方形，中部有脊，侧视呈菱形断面，穿孔有长方形、菱形、椭圆形等，表面常饰勾连云纹、兽面纹、浮雕螭虎纹等等。战国时期的玉剑格多素面无纹，汉代则有勾连云纹、兽面纹、螭虎纹等纹饰。海昏侯墓出土玉剑格28件，有玉、玛瑙、辉石岩、灰岩4种材质，制作规整，打磨精细，装饰纹样有兽面纹、浮雕螭虎纹或光素无纹，以螭虎纹形态最为丰富。高浮雕螭虎纹白玉剑格，正面浮雕一条游行于云中的螭虎，身躯弯曲，长尾上卷，背面饰勾连云纹，是西汉最流行的样式（图8）。

玉剑璏镶嵌在剑鞘的中上部，用来贯带系剑于腰部，又称剑鼻、剑璲、剑璏、剑卫，正视为长方形，顶面微拱，两端或出檐下卷，底面有长方形穿孔，表面常饰有谷纹、兽面纹、螭虎纹等等。海昏侯墓出土玉剑璏36件，质地有玉、玛瑙、蛇纹石、辉

图7 出廓螭虎纹柿蒂纹白玉剑首　　　　图8 高浮雕螭虎纹白玉剑格

岩石4类，以玉为主。它们大致可以分为3类：第1类，无檐璏，1件，玛瑙剑璏，呈扁管形，这是春秋时期流行的玉剑璏的式样（图9）。第2类，短檐璏，3件，呈长方拱形，弧角长方形仓居中，两端出檐、无出卷。比如出土于刘贺墓西藏椁漆笥内的勾连乳丁纹白玉剑璏，有絮状现象，器表有淡黄色沁；呈长方拱形，弧角长方形仓居中，两端出檐、无出卷，造型、纹饰都是战国时期常见的玉剑璏样式（图10）。第3类，长檐璏，32件，正面微拱，长方形仓偏向一侧，两端出檐、下垂；纹饰有云纹、凤鸟纹、谷纹、兽面纹等。高浮雕螭虎纹白玉剑璏，和田白玉，玉质莹润；呈长条形片状，两端下弯，微内卷，正面高浮雕螭虎纹，子母螭对视，生动活泼；背面长方形仓偏向一侧，打磨精细，有玻璃光（图11）。第1、2类剑璏较原始，是春秋战国时期草创期的样式，少量出现在刘贺墓中，可视为刘贺的收藏品；第3类长檐璏则是剑璏较成熟的式样，璏面上的长檐只供装饰，并无实际用途，是随着剑体剑鞘加长出现的新式样，也是刘贺墓出土玉剑璏的主流。

玉剑珌是镶嵌在剑鞘尾部的玉饰，又称剑镖（标、摽），正视一般呈长方形或梯形，侧视呈橄榄形断面，顶部常有穿孔一至三个，用于与剑鞘相连。战国剑珌直身、圆体、较厚，早期光素无纹，战国晚期出现了兽面纹和卷云纹。汉代剑珌器形呈不规则的长方形或梯形，纹饰以螭虎纹为主，采用浮雕或透雕技法，磨制细腻，抛光极好。海昏侯墓出土玉剑珌21件，材质有玉、玛瑙、琉璃、辉岩石、黄蜡石5类，纹饰为螭虎纹、兽面纹、谷纹、鸟纹或光素无纹，以素面为主。高浮雕螭虎纹黄蜡石剑珌，黄蜡石质，呈不规则梯形，两面浮雕盘绕虬曲、姿态各异的3只螭虎，造型生动活泼，体现了西汉时期精湛的琢玉工艺（图12）。

海昏侯墓出土的玉剑饰材质多样，数量众多，品种齐全，器形多变，工艺精湛，时间涵盖了春秋至秦汉时期，这批横跨四五百年的玉剑具，反映出春秋战国、秦汉二个时代玉剑饰各自鲜明的特色，让我们得以从一座墓葬窥见玉剑具的发展和演变历程。

图9　春秋晚期红缟玛瑙剑璏
图10　战国勾连乳丁纹白玉剑璏
图11　西汉中晚期高浮雕螭虎纹白玉剑璏

■ 君子佩剑

剑是冷兵器时期常见的武器。在今人心目中，古剑似乎总是与战火狼烟、金戈铁马紧密相连。玉具剑是寒光的冷兵器与温良的玉石的结合体，良玉美石，则以一种全然不同的形态，温润恬然地包容着万物的性灵，"言念君子，温其如玉"，《诗经·秦风·小戎》以美玉温润的特征来形容君子儒雅谦和的品格，《礼记·玉藻》又说，"君子无故，玉不去身"。我们的先人是何等的聪慧，通过玉具剑的制作与佩带，让一件闪着寒光的冷兵器在温良玉石的抚慰下，收敛了杀气，透出君子般雍容高贵之仪，美玉与利剑，一文一武的美妙组合是古人书剑情怀的绝妙诠释。

古人佩剑，一是炫耀身份地位，二是提防不测以自卫，佩剑的长短、轻重、装饰又是身份地位的反映。据《周礼·考工记》，士人的佩剑分三等，上士佩剑，长3尺5寸、重3斤12两；中士佩剑，长2尺5寸、重2斤14两，下士佩剑，长2尺、重2斤1两。东周时期贵族佩剑成风，汉代因制作更为简便、功能实用、适宜装甲骑兵近距离格斗的环首刀取代剑成为标准武器装备，剑退出实战舞台，成为贵族礼仪活动中佩带的装饰品，拥有制作精良、装饰华美的玉具剑成为社会地位和权力的象征（图13）。正如《史记·货殖列传》所言："游闲公子，饰冠剑，连车骑，亦为富贵容也。"《汉书》记载，武帝末年隽不疑担任渤海郡文学，侍御史暴胜之为直指使者奉皇命巡察郡国至渤海，派人邀请隽不疑相见。隽不疑是地方斗食少吏，拜见皇帝特使，自然要盛装前往，头带进贤冠，腰佩櫑具剑，佩环玦，褒衣博带。暴胜之的门客要求隽不疑解下腰间佩剑，隽不疑回答说："剑者，君子武备，所以卫身，不可解。" 隽不疑当时的身份为地方名士，自然只能佩带櫑具剑。《史记·陆贾列传》中说汉初太中大夫陆贾的仪容是乘安车驷马、佩价值百金的宝剑，他的佩剑应该是用

图 12　高浮雕螭虎纹黄蜡石剑珌

上等玉料装饰的玉具剑。

至汉代，佩剑风气兴盛，从剑的长短、工艺到装饰材料、装饰纹样都有着严格的制度限制与礼仪规范，形成了一套与佩剑相关的礼仪制度。秦末汉初，因黄老之学盛行，人们又把佩剑和其他一些服饰与五行学说相联系。《春秋繁露》曰："剑之在左，青龙之象也。刀之在右，白虎之象也。韨之在前，朱雀之象也。冠之在首，玄武之象也。四者，人之盛饰也。"刘贺墓内棺中，身体左侧佩玉具剑，右侧佩错金云纹环首铁刀（图14），即《后汉书·舆服志》中所记载的"金错刀"，正是这一礼仪的写照。汉代晚期其他诸侯王墓葬出土的佩剑与佩刀的位置，均符合《春秋繁露》中关于剑、刀在礼制位次的记载，即左剑右刀。如中山王刘修墓，其随葬刀剑位次为左剑右刀。

司马迁在《史记·太史公自序》中将论剑与兵法相提并论，将"论剑"提高到"与道同符"的高度，认为"论剑"是一门"内可以治身，外可以应变"的大学问，这也可能就是汉以前称剑技为"剑道"的原因，其所指已远远超出了剑的临战击刺之效，而是在讲剑所代表的人文精神，讲剑的特殊文化内涵和社会教化功能，实际上就是兼备了健身、娱情和修养心性的功能，所以中国士人往往书剑并举，以剑比德，有所谓"剑侠"之称。

汉代佩剑不但是佩剑礼仪中的一种象征礼器，更是其等级制度的象征。作为汉代佩剑文化的载体，榍具剑、驳犀具剑与玉具剑皆可通过自身的容饰特点区分出不同佩带者的身份、地位。玉具剑是汉代佩剑中容饰最为豪华的佩剑，佩带者身份大致为侯爵及其以上的贵族。玉具剑在汉代皇室贵族的政治活动中具有重要作用。赐剑为皇帝赏赐有功大臣的一种重要措施，也是向邻国彰显友好

图 13　西汉彩绘郎中陶俑，佩玉具剑
（狮子山楚王墓出土；江苏徐州市博物馆藏）

之意的一种礼仪。《汉书·昭帝纪》载，元凤五年（公元前76年）正月，"广陵王来朝，益国万一千户，赐钱二千万，黄金二百斤，剑二，安车一，乘马二驷。"《汉书·匈奴传》载，甘露二年（公元前52年）"单于正月朝天子于甘泉宫，汉宠以殊礼，位在诸侯王上，赞谒称臣而不名。赐以冠带衣裳，黄金玺盭绶，玉具剑，佩刀，弓一张。""剑履上殿"是皇帝对功臣或重臣的一种特殊礼遇，代表的是皇帝对臣子的倚重，西汉享受此殊荣的仅开国功臣萧何一人。其他人上朝只能随身佩带木剑以代替真剑，史书中称之为"班剑"。班剑是一种以木制作、刻饰花纹的礼仪用剑，又称"木剑"或"象剑"，因剑首饰物材质的差异而有贵贱之分。《晋书·舆服志》云："汉制，自天子至于百官，无不佩剑，其后惟朝带剑，晋世始代之以木，贵者犹用玉首，贱者亦用蚌金银玳瑁为雕饰。"马王堆三号汉墓出土1柄玳瑁具木剑，同出遣册称之为"象剑毒冒具"，以实物证明西汉初年已形成了"班剑"制度。从这种表述方式可以看出，在西汉时期，剑与剑饰是分开来说的，"象剑"说的是木剑本身，"毒冒"即"玳瑁"，是指剑饰，用今天通行的文物定名方式则可以表述为玳瑁具木剑，即汉代文献中记载的驳犀具剑。（图15）刘贺墓中出土了大量木剑，相当一部分制作精美，装饰有雕琢精工的玉剑饰，附有绘画精美的漆木剑鞘、剑椟，不能视之为明器，可以称之为玉具木剑，也就是《晋书》所说的仅具礼仪性质的"班剑"。

图14　错金环首铁刀　　　　图15　玳瑁具木剑

龙螭纹韘形白玉佩

芄兰之叶　童子佩韘

尺　　寸：宽 8.3、高 11.1、厚 3.8～5 厘米
质　　地：和田白玉
出土位置：刘贺墓内棺 刘贺遗骸腰部右侧

　　龙螭纹韘形白玉佩出土于刘贺墓内棺腰部右侧，附近还伴出螭纽玉印、环首铁削（书刀），均为腰间佩饰（图 1、2）。龙螭纹韘形白玉佩为和田白玉，质地纯净。呈扁平片状，内孔尺寸比例适中，镂空双面浅浮雕。韘体呈心形，中孔椭圆形；正面上半部沿圆弧起一条凸棱，中间再起一棱并于顶部出尖，两肩内凹，饰云气纹；下半部阴刻云气纹。背面上半部阴刻云气纹和网格纹，下半部阴刻云气纹。边缘出廓，左侧镂空雕龙纹，水滴眼，张口露齿，含珠，鬃毛后飘； 分叉长卷尾，腿部肌肉发达，二爪锐利，龙身饰勾云纹。右侧镂空雕螭虎纹，梯形头，线刻眉眼，眼眶呈方角形，用斜削技法突出眼珠，鼻梁平宽，两耳竖起，头形像猫脸，头顶有长角，毛发排列有序，腿部有一排整齐的阴刻细斜线，表示腿毛，显现三条粗壮的腿，螭身阴刻细长中脊线并饰平行双弧线。龙螭纹韘形佩饰脱俗，龙、螭虎纹琢雕精致，龙的身躯矫健，口露利齿，凶猛威武的神态表现得淋漓尽致，给人以动感，富有艺术感染力，是西汉中晚期韘形佩的标准器，为研究西汉中晚期玉器雕琢工艺、装饰风格、使用制度提供了珍贵的实物资料。

韘（shè）：
射箭时戴在手上的扳指。
韘形玉佩最早见于商代，汉代韘形佩仅作佩玉用。

图 1　龙螭纹鞢形白玉佩

图 2　龙螭纹鞢形白玉佩出土场景

■ 韘与韘形佩

韘形玉佩是汉代流行的佩玉，也称鸡心佩或心形佩。韘形佩是由韘演变出来的佩饰，韘又称夬、玦、决或扳指，是射箭时钩弦用的辅助工具，套在射手右手拇指上，可以保护射手右拇指不被弓弦勒伤，属于武器。汉代许慎《说文解字》云："韘，射决也。所以拘弦，以象骨、韦系，著右巨指。从韦枼声。""射决"是指韘的功用，"象骨、韦系"则是指韘的材质为骨或皮革。韘又是佩饰，因"射"为六艺之一，所以佩韘，是掌握射艺的标志。《诗经·卫风·芄兰》云："芄兰之支，童子佩觿。虽则佩觿，能不我知。容兮遂兮，垂带悸兮。芄兰之叶，童子佩韘。虽则佩韘，能不我甲。容兮遂兮，垂带悸兮。"大意是：芄兰抽出枝条，小伙子佩戴觿饰。虽然佩戴觿饰，难道不知我意？仪容庄严体态安舒，衣带自然向下低垂。芄兰长出叶子，小伙子佩戴韘饰。虽然佩戴韘饰，难道不亲近我？仪容庄严体态安舒，衣带自然向下低垂。童子佩觿带韘，说明可以内事父母，外能理事骑射，长成了男子汉（图3）。

安阳殷墟妇好墓出土的一件玉韘是目前所见时代最早的玉韘，该玉韘中空，可套入拇指，正面雕饰兽面纹，背面有用于钩弦的凹槽，正好印证了《说文解字》对韘的解释，可以视为韘形玉佩的祖型。西周时期韘的筒状体矮化，韘体左右对称，无鋬突。春秋战国时期玉韘筒身演变成扁平状的盾形，高仅1厘米，向上的斜口变成向外横出的舌形，沟槽消失，侧面增加一个方柱形或方钩形的突起。纵观此时玉韘，有的尚带有实用性，我们称之为玉韘；有的已丧失实用功能，成为佩饰，我们称之为韘形玉佩。西汉时期出现了真正作为佩饰的韘形玉佩，是一种单独佩戴的佩玉，取代了战国时期流行的组玉佩。一般作扁平片状，韘形主体略呈椭圆形，两侧有透雕的附饰，由于其主体部分形如鸡心，所以人们又称它为"鸡心佩"或"心形佩"，当时的文献记载中称"玦"或"环"，韘形佩、鸡心佩、心形佩是我们为了研究方便给这种器物取的名称，其中韘形佩则是大多数人公认的名称。青岛土山屯6号汉墓出土韘形玉佩1件，同出遣册称之为"玉玦"。《汉书·武五子传》记载，汉宣帝地节四年（公元前66年）九月，山阳郡太守张敞曾到访昌邑故王宫，所见刘贺的容妆为：衣短衣大绔，冠惠文冠，佩玉环，簪笔持牍趋谒，也许当时刘贺随身佩带的玉佩就是内棺出土的这件韘形佩。

■ 汉代韘形佩的演变

从考古出土实物看，汉代韘形佩从过渡、定型到衰退，有一个连续且系统的演变过程。西汉早期韘形佩处于由战国时期的韘向韘形佩过渡和韘形佩的初步定型期，主体特征是韘的功能逐渐减退，器体趋于扁平状，内孔较圆且大，出现单侧或双侧附饰，纹饰渐多。这一时期的韘形佩主要有三种类型：一是以扁平的心形为主体，仅在上端有柄状突起（图4）；二是主体的一侧或者上方有透雕附饰；三是主体的两侧都有附饰，多不对称，且大小差别很大，纹饰主要是龙凤纹，以第三种类型居多。这一时期韘形佩的附饰多为平面透雕，纹饰有螭虎纹、凤纹、云纹等。

西汉中期是韘形佩的定型阶段，佩饰的特征明显。考古出土韘形佩风格较为统一，多为扁平状，鸡心型，外形略呈椭圆形，上尖下圆，中间有一圆孔，较早期尺寸和弧度变小，主体的上端作三角形，正面微鼓，背面略微内凹，装饰趋于繁缛，两侧多为对称的透雕附饰（图5）。

西汉晚期和东汉时期是韘形佩的变化和衰退期。西汉晚期的韘形佩器形变化较明显，其心形主体变得更为狭长，中间的孔圆且小，透雕附饰更为发达，一侧附饰的上部往往突出呈尖锐状，韘和觿的结合较为明显，觿式韘形佩和璧式韘形佩等合体形式成为韘形佩的新风格。刘充国墓出土的龙凤纹韘形玉佩，体瘦长，中间的圆孔较小，龙纹分别安排在圆孔上下方，龙首位丁圆孔上方，高浮雕，龙身位于圆孔下方，阴线刻；两侧的附饰部分为透雕凤纹，均有一个似觿的尖锐状突出，是韘形佩从西汉中期向晚期演变的实例（图6）。在西汉晚期还有一种韘和璧结合的璧形韘，如北京大葆台1号汉墓出土的一件玉佩，中间是心形佩的主体部分，两侧是透雕的龙凤纹，整体为璧形，因此可称为璧式韘形佩（图7）。刘贺墓出土的龙凤螭纹石佩与此佩相近，区别在于少了外圈的璧形，是大葆台型佩的祖型。大约在西汉末东汉初，韘形佩的器形又有了新的变化，心形主体在其中的地位进一步弱化，中间的圆孔变成椭圆形，透雕的附饰更加发达，包围了心形主体的四周。

图3 白玉觿

图 4　西汉早期韘形青玉佩　　　　　　　图 5　龙凤纹韘形白玉佩

（北洞山楚王墓出土；徐州市博物馆藏）　　（大云山江都王墓出土；南京博物院藏）

图 6　龙凤纹觿式韘形白玉佩　　　　　　图 7　龙凤纹璧式韘形佩

■ 造型别致的韘形玉佩

西汉韘形玉佩琢雕技法一般是采用浅刻阴线装饰鸡心，附饰则采用镂空与细线阴刻相结合。刘贺墓出土3件韘形佩，造型相近，均是西汉中晚期流行的式样。

龙凤螭纹韘形白玉佩，摆放在刘贺墓主椁室东室南部漆榻上的漆方案上，高9.82、宽7、孔径3.3厘米。玉质纯净，少量灰黑色沁，片状，韘体近椭圆形，中孔圆且大。两侧镂空龙纹和螭虎纹，顶部饰凤纹。韘体正面下半部微凹，饰云气纹；上部孔沿外侧饰凸棱，凸棱中部起脊连贯尖顶，内饰云气纹。背面饰云气纹，下端内收。左侧龙纹水滴眼，叶状角，上下颌外卷，昂首张口露獠牙，咬住凤尾。右侧螭虎纹倒立，圆眼，翘眉，宽鼻，圆耳。螭虎纹和龙纹头后部分相似，均为修长S形，腿部肌肉发达，四足二爪，长卷尾。顶部凤纹作回首状，水滴眼，圆眼珠，张口勾喙，长冠和长尾均分叉回卷，短身，二足二爪。三只动物的颈部和腿部均饰一排平行细短斜线纹，表示鬃毛或羽毛；阴刻平行双弧线饰身躯细节，用弧线修饰腿部关节。器身中的穿孔即为原来韘的套指之处，中间呈果核形且向上收尖的部分是韘形佩的主体，主体右上方向上延伸的三角形勾状造型则为韘中用于勾弦的部位。在此主体的外围，自左而右依次设计了张口含珠的龙、回顾的凤以及回转的螭，皆以勾转单元设计，首尾相接，整体形成具有韵律的动态感，由此协调了弦勾的突兀造型，显现出协调的整体美感（图8）。

龙凤螭纹韘形石佩，出土于刘贺墓主椁室东室南部漆榻北侧，高8.6、宽7.9、孔径3.5厘米。灰岩质，褐色沁，扁平体，近圆形，中间韘体近椭圆形，中孔圆且大，两侧饰镂空龙、凤、螭虎纹。韘体正面下半部微凹，饰云气纹，上半部孔沿外侧饰凸棱，凸棱中部起脊连贯尖顶，内饰云气纹；背面饰云气纹，下端内收。右侧上端凤纹，下端螭虎纹。凤纹水滴眼，勾喙，冠上翘，S形身，长卷尾，无足。下端螭头和其前足抵凤尾，圆眼，弯眉，直鼻，曲状耳，长独角回卷。左侧龙纹圆眼，叶状角，上下颌外卷，张口含珠。螭、龙背部均有羽翼，四肢肌肉发达，作S形蜿蜒行走状，长卷尾。龙纹上颌和凤冠紧贴于韘体顶部出尖的左右两侧。若仔细观察，可发现全器呈圆璧形，与北京大葆台汉墓出土璧形韘设计思想有异曲同工之妙。琢玉工匠必须思考如何在一璧形玉料上精心分割，使作品呈现和谐的美感。因而心形主体中轴上下和直径重合，如此一来，主体的大小和作品整体之间才有适宜的比例；被直径分割成两半的

图 8　龙凤螭纹觿形白玉佩

右侧，设计蜿蜒的龙，上唇抵触鞢形佩主体向上的收尖；收尖的左侧为一回首的凤鸟，凤鸟伫立在鞢形佩三角形弦勾处，巧妙地把弦勾处隐藏于其中；凤鸟尾部下为一曲体螭，直贯而上的动势和凤鸟合一，和右侧的行龙呼应，形成平衡的动态美感（图9）。

　　西汉鞢形佩的造型，一般是出廓部分与心形主体之间彼此独立分离，是主体的附属纹饰，上述刘贺墓主椁室出土的龙凤螭纹玉佩、龙凤螭纹石佩均属此类。刘贺墓内棺出土龙螭纹鞢形白玉佩奇特之处在于出廓部分的龙、螭构图方式与常见的龙螭纹鞢形佩不同，龙、螭不是附着在鞢体两侧，而是细长躯体与鞢体相融，两度从鞢体一面穿越另一面，龙、螭与心形主体之间时而交叠，时而穿透，构思别致，线条流畅，云气化的龙、螭尾部和主体上刻划的层叠云气相互交融，浑然一体，耐人寻味。在此设计中，玉工大胆运用S形，表现出龙、螭的动态美，采用镂雕、减地浅浮雕和细线阴刻等多种技法，展示镂空技艺的高超水准，龙和螭如同悠游于云腾雾绕的仙境之中，平面里隐约透出动态张力。

图9　龙凤螭纹鞢形石佩

■ 君子佩玉

《诗经·秦风·渭阳》中有"何以赠之，琼瑰玉佩"的诗句，说明当时人们以玉为贵、以玉佩为礼品、信物的习俗。《诗经·卫风·竹竿》"巧笑之瑳，佩玉之傩"之句，表达了当时人们佩玉有美化妆容、节制行度的目的。西周以来的佩玉文化在汉代得到了升华，很多成书于汉、总结先秦文化的典籍对佩玉有详细的记述，其中儒家"君子比德于玉"的思想在汉代发展出所谓玉德，推动了佩玉习俗的流行。汉代贵族阶层不仅在礼仪活动中继续使用玉礼器，而且在日常生活中广泛使用玉器。玉器不仅是重要的物质财富，更寄托了人们精神上的追求，体现了一种高雅的生活方式。

西汉中期，配饰玉逐渐形成自身风格，随着组玉佩的简化，原本附属其中的一些更为精美的配饰被单独佩戴或构成新的佩戴组合。韘形玉佩是汉代较常见的佩饰，是一种可以单独佩戴的玉饰，男女皆可佩戴。西汉元帝时的童蒙字书《急就篇》："玉玦环佩靡从容。"玉玦与环佩并举，为佩玉之常。《汉书·隽不疑传》："不疑冠进贤冠，带櫑具剑，佩环玦，褒衣博带，盛服至门上谒。"隽不疑是武帝末年渤海郡地方小吏，应邀拜见皇帝特使暴胜之，佩环玦乃为盛饰，且是上谒"以礼"的盛装。秦始皇帝陵车马坑出土一号彩绘青铜车御者的装扮便是左腰佩具剑，右腰系玉佩，正好可以与文献记载相互印证（图 10）。考古出土西汉韘形玉佩约 70 件，分布范围遍及历史上汉帝国疆域各地，但均为大中型墓，小型墓中一件也没有发现，表明其拥有者为诸侯王、列侯一类高级贵族，尤其值得注意的是，西汉中期，有一类长10 厘米以上的超大型韘形玉佩，仅出土于河北中山靖王刘胜墓、山东巨野红土山墓和海昏侯刘贺墓 3 座王侯级别的男性墓葬中，刘贺墓出土的龙螭纹玉佩出自内棺，为刘贺随身佩带之物，是该墓出土玉佩中质地最好、构图最巧、雕工最精、纹饰最美、体量最大的一件玉佩，或许它是身份、地位的代表，也是汉墓出土韘形佩中最上乘的作品。

图 10　一号彩绘青铜车御者

日光清白连弧纹铜镜

清光宜人　照衣妆容

尺　　寸：直径 18、缘厚 0.6 厘米
质　　地：青铜
出土位置：刘贺墓西藏椁 由云纹漆奁装盛

　　日光清白连弧纹铜镜出土于刘贺墓西藏椁一件云纹漆奁内（图 1、2），圆形，素宽平缘，正面磨砺光洁，背面为半球状纽，十二并蒂连珠纹纽座；外围绕一周栉齿纹和一周凸起的宽带纹。内区饰内向八连弧纹一周，弧间饰变形鸟纹，弧背有铭文 8 字："见日之光，相忘驩象。"外区环绕由 2 圈栉齿纹构成的铭文带一周，起句首字安排在镜纽孔一侧延长线上，有铭文 32 字："絜清而白事君，志污之弇吻，玄锡之泽流，疏而日忘美人，外丞可兑，景，愿永思绝象。"（图 3）此镜铭文分内外两区，内区为日光铭文，外区为清白铭文，我们姑且称之为"日光清白镜"。

图1　日光清白连弧纹铜镜

图2　云纹漆奁

图3　日光清白连弧纹铜镜拓片

■ 连弧纹铭文镜与圈带铭文镜

连弧纹镜最早见于战国时期，由齐家文化的七角星纹镜演化而来。连弧纹铭文镜是指主题纹饰为连弧纹且有一周铭文带的铜镜，产生于西汉中期，是西汉中晚期最为流行的镜类之一。连弧纹铭文镜基本特征为：圆形，素缘，圆纽，并蒂连珠纹圆纽座或四叶纹纽座；座外有不同纹饰。连弧纹又有八弧和十二弧之分，内区纹饰或为一周内向连弧纹圈带，或为一周凸弦纹圈带及一周内向连弧纹圈带，其间有不同纹饰。外区纹饰为铭文区，两周栉齿纹之间有铭文带，铭文格式主要有清白镜、昭明镜、日光镜、铜华镜、日有熹镜等，以清白镜和昭明镜最为常见（图4）。比如，山东中南部出土的35面西汉晚期铭文镜中，有14面昭明连弧纹镜。刘贺墓园的情况与此类似，出土10面铜镜，八连弧纹铭文镜占7面，其中刘贺墓有昭明镜、日光清白镜各1面，清白镜2面，共4面；刘贺长子刘充国墓出土3面铜镜均为连弧纹铭文镜，清白镜、久不相见镜、日光清白镜各1面。

圈带铭文镜主要流行于西汉中晚期，是西汉铭文镜中一个主要门类，分单圈铭文镜与重圈铭文镜。单圈铭文镜内区为几何纹带，外区为铭文带，按铭文内容可分为昭明镜、日光镜、清白镜、铜华镜等，最常见者为昭明、日光两镜，多为汉尺六寸以下的小镜。重圈铭文镜内外区均为铭文带，是单圈铭文镜的发展，内区的几何纹带被铭文带取代，常见的有日光清白镜、日光昭明镜、昭明铜华镜、昭明皎光镜等十余种（图5）。刘贺墓园出土昭明镜、清白镜和日光清白镜，均为单圈铭文铜镜，是西汉

图4　昭明连弧纹铜镜　　　　　　　　　　　图5　日光昭明重圈铜镜（南昌东郊汉墓出土）

晚期流行的铜镜式样。

上述日光清白镜铭文分内外区，但构图方式又与常见的重圈铭文镜明显不同，内区装饰的主体是几何纹，铭文安排在8个连弧纹之间，处于配角地位，起补白作用，因此还属于连弧纹镜。这种构图方式在西汉早中期的连弧纹镜中偶有发现，是单圈铭文镜向重圈铭文镜演进的中间形态，我们视其为重圈铭文镜的早期形态（图6）。刘充国墓也出土了一面风格相近的日光清白镜，因残缺，无法释读全部文字，但足以表明此式镜并不是孤例。

图6　日光清白镜局部

■ 日光镜与清白镜

日光镜铭文共两句8字，常见"见日之光，长乐未央""见日之光，天下大明""见日之光，长毋相忘"等格式，因为铭文字数少，为了美观，每个字之间以变形毋字纹或卷云纹相隔，需隔字成句。铭文字体造型取竖长结构，点画较纤细，除少数字转折处笔划方折外，线条形体屈曲圆转，笔画压力强弱变化较少，篆意较浓，属于篆隶体的前期阶段。用作铭文间隔的云纹回旋之形状与篆隶圆弧线条之间相互呼应，特有的回旋动感增添了篆隶书飘逸流利的动态美。上述日光清白镜内区铭文"见日之光，相忘驩象"比较少见，是日光镜一个变体；刘充国墓出土一面连弧纹镜，铭文为"久不相见，长毋相忘"，同样可视为日光镜的一个变体（图7）。

清白镜作为汉代铭文镜的一种，其形制、铭文大致相同，但常有减字减句或更字换句的现象，甚至整句脱去，字体简率，一般的字省去后仍可粗通，也有文句不通者，只有参合诸铭，才能通读。刘贺墓所出铜镜属于典型的减字减句清白镜。完整的清白镜铭文为二首六言诗，共48字："絜清白而事君，怨污驩之弇明；汲玄锡之流泽，恐疏远而日忘。怀縻美之穷噽，外承驩之可兑；慕窔佻之灵景，愿永思而毋绝。"前一首诗，"明""忘"押阳部韵，后一首诗，"兑""绝"押月部韵。"絜"即"洁"，"志，意也"，意即思虑与惦念。"污"即"汙"，读为"阏"，意即郁结，"驩"即"欢"，西汉晚期流行的君忘忘铭文镜"心污结而独愁，明知非不可处，志所驩不能已"之句有助于我们理解"志污驩"的意思，第二句的大意是：心念郁郁寡欢，让明镜蒙尘无光。"汲"即"被"，"穷噽"指身体。其语义大致为叙说思念，永勿相忘之意，文辞生动优美，寓意深刻。前一首诗大意是夸扬铜镜质地优良，镜面清澈。后一首诗则是表达照镜人内心的向往和追求，散发着对世事的忧伤，有浓郁的汉乐府韵味，字句间流露出相思之苦、离别之痛，体现着世俗气息，无俗媚矫作之态，充满动人的魅力。刘贺墓主椁室西室中部一件彩绘漆奁内出土两面连弧纹清白镜，两镜镜背相对叠放，直径17.5、缘厚0.7厘米。铭文共6句30字："絜精白而事君，志驩之合昒，彼玄锡之泽，恐疏远而日忘，怀美之穷噽，丞驩之。"（图8）

标准的清白镜铭文母本之外有一个变体，共54字："絜清白而事君兮，怨污驩之弇明；汲玄锡之流泽兮，恐疏远而日忘美人。怀縻美之穷皑兮，外承驩之可悦；慕窔佻之灵景兮，愿永思而毋绝。"第一、三、五、七句多了"兮"字，第四句多了"美人"，这便是前述日光清白镜铭文外区铭文所本。该镜外区铭文与此接近，有铭文32字，共减省22字，第一、三、五、七句省略了"兮"字，"絜清白而事君"

图 7　久不相见连弧纹铜镜
图 8　清白连弧纹铜镜

讹误成"絜清而白事君"，第二句省略了"驩"字，第三句省略了"汲"字，"流泽"讹误成"泽流"，第四句省略了"恐""远"二字，第五句脱漏，第六句省略了"驩之"二字，第七句省略了"慕窔佻之灵"五字，第八句省略了"而毋"二字，多了"象"字。与刘贺同一年下葬的刘充国墓出土一件清白连弧纹镜铭文属于此式风格，铭文共34字，减省20字："絜清白而事君，志污之弇吻，玄锡之泽流，恐疏而日忘美人，外承可兑，口景，愿永思毋绝。"（图9）

清白镜因为字数较多，镜面空间有限，省字漏句现象普遍。汉镜铭文多见异体字、同声字，字体也多不规范，减笔、省偏旁或反写的情况比较常见，有时省到令人难以辨认的地步，清白镜铭文尤甚。比如，"丞驩"即"承欢""可兑"即"可悦""丞驩"与"承欢""兑"与"悦"皆因同音而借用；"合""泽流""疏远""驩""象"等字笔画皆有减省，"可""象"均反写。刘贺墓清白镜铭文30字，省略了最后二句，共减省18字，"清白"讹误成"精白"。参合上述3面清白镜铭文，也凑不出完整铭文，这也从一个侧面说明清白镜在当时非常流行，观镜者只要通过关键的词句就能联想起铭文的母本。由于当时文化普及程度不够，工匠文化水平有限，甚至不识字，只是依样画葫芦或师徒传授，出错在所难免，在制模过程中未能精心设计排版，有时因镜面空间所能容纳字数的局限，随意删减文句也是常有的事。对使用者来说，铭文与纹饰共同构成了装饰图案系统，其装饰意味高于文字内容本身，重要的是式样，所书字数多少，依镜面大小来安排，至于错字别字、夺字省句、添字加句等错误并不太重要，加之铜镜铭文又是当时流行的套语，文句浅显易懂，在上下文的特定语境中，并不会影响使用者理解铭文的意思。

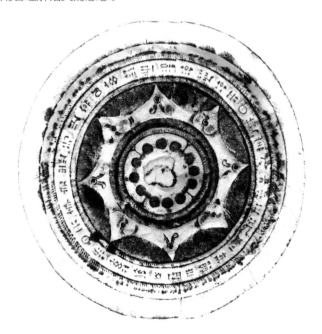

图9 清白连弧纹铜镜拓片

■ 铭文镜是西汉中晚期的时代新风

我国是世界上最早使用铜镜的国家之一，铜镜因镜背装饰精美纹饰、铭文，图文并茂，成为古代青铜器中独成体系的精美工艺品。铜镜是我国青铜器中一个重要门类，其地位在青铜器发展史上非常特殊。自战国以来，传统的礼乐制度日趋崩坏，诸侯率相征伐，象征王权与神权的青铜文化逐渐衰落；汉代青铜器日趋生活化、世俗化，既美观又实用的日用品铜镜随之脱颖而出。此时铜镜铸造精工，种类丰富，装饰艺术有了很大突破，成就了中国铜镜铸造史上第一个高峰。铜镜背面铸铭文是战国晚期出现的一种新式样，经过西汉早期的发展，至汉武帝时期，取代纹饰成为铜镜装饰的主题，使得铜镜装饰充满诗情画意。铭文装饰是汉镜创新的重要标志，成为西汉中晚期铜镜鲜明的时代特征。西汉铜镜铭文，内容丰富，朴素真挚，所反映的多为当时人们追求富贵安定、逸乐长寿的生活，是西汉社会时代风尚、审美情趣和思想文化的缩影，更是当时工艺美术世俗化、生活化的真实写照。

前述日光清白镜内圈铭文既有篆书笔法，又略带隶书笔意，如"见日""光""相"是标准的小篆，"之"为隶书，"象"则是商周时期的象形字，且反书，笔画有减省。铭文的篆刻者运锥似笔，轻起轻落，使笔道圆润地游走，线条极富弹性。篆法极其精妙，构架中收外扬，笔画富于变化，其结体和用笔与旁边的鸟纹相互呼应，装饰纹样与铭文之间达到和谐的艺术美。外区铭文字体略显方正，属于篆隶式变体，似篆似隶，隶中带篆，篆隶混杂，由于受隶变以及八分的影响，许多笔画的起笔和收笔常呈楔形，带有汉隶的顿挫、拨挑的笔法雏形，结体放纵恣肆，不拘成法，给人以独特的美感。这类书体，转折处笔画方折，笔势灵动；结体方正规矩，构架横平竖直，似殿宇梁柱；运笔凝重沉稳，其势排山倒海；笔力放纵，风度洒脱；铭文中还有极少数的笔画仍保留着圆转的笔道，但从其整体风格来看，不失结体方正之规范，体现了隶书追求实用、简洁的特点，已经接近隶变的尾声，这是西汉晚期铭文镜中所独创的一种篆隶美术体，少数字体开始隶变为成熟隶书，是早期的圆转篆隶向晚期的方正篆隶演变的一种过渡形态，也是篆书向隶书演变的物证。此镜内区日光铭文为形体圆转颀长的半篆半隶体，外区清白铭文为方正的准隶书体，两种不同书体风格的铭文共存于镜背狭小的空间内，二者风格迥异，一个圆转颀长，一个平直方正；一个恣肆自如，一个古朴自然，看似格格不入，实质上又和谐统一，既丰富了铭文的书写形式，又增强了文

字的装饰性，平添审美意趣（图10）。

　　刘贺墓园出土的铜镜不仅数量多，而且纹饰精美，铭文规范，镜种较多，在西汉列侯墓中少见，富有鲜明的时代特色，具有较高的历史研究价值和科学艺术价值，为西汉晚期铭文镜研究提供了断代标尺。刘贺墓园出土铜镜，墓主明确，埋藏年代准确，为铜镜的使用等级研究提供了新资料。虽然文献上没有记载汉代铜镜使用的等级制度，但考古发现表明铜镜的大小、品质与墓主人的身份之间关系密切。诸侯王多使用汉尺八寸以上的大铜镜，比如，徐州拖龙山楚王墓出土昭明清白重圈铜镜，直径19.2厘米；东洞山王后赵姬墓的昭明清白重圈铜镜直径18.1厘米，三号墓的日光连弧纹铜镜，直径17.5厘米。江苏大云山江都王墓出土日光草叶纹铜镜，十六内向连弧，直径21.4厘米。刘贺墓出土铜镜与上述王侯墓的情况相近，均为大型镜（图11），更有高达97厘米的衣镜；刘贺长子刘充国没有册封为列侯，所以墓中出土的久不相见连弧纹铜镜，直径8厘米，为汉尺六寸以下的小型镜。

图10　日光清白镜局部　　　　　　图11　贴金嵌宝石重圈纹铜镜

雁鱼青铜釭灯

华灯错些　朱户生辉

尺　　寸: 通高 50.8 厘米
重　　量: 8 千克
质　　地: 青铜
出土位置: 刘贺墓北藏椁东北部

　　雁鱼青铜釭灯外形呈雁顾首衔鱼伫立状，由雁首衔鱼、灯罩、灯盘、灯座 4 部分组成，各部分分别铸造，套合成器，可以自由拆装，便于擦洗，构成一件能够控烟吸油、奇巧实用的环保灯具，属于西汉众多动物形釭灯中的一种，造型写实，制作精良，将中国古代灯具柔美典雅、巧夺天工的神韵展现得淋漓尽致，极富时代特色，为西汉青铜灯中的精品（图 1、2）。

图 1　雁鱼青铜釭灯

■ 器形优雅的艺术之灯

　　雁鱼青铜釭灯整体造型古朴优雅，精致独特。作雁伫立回首张口衔鱼状，既保证了灯体重心稳定，又恰到好处地把灯盘安置在中心部位。雁身为灯座，体内中空，两范合铸，双腿分铸后焊接。雁的造型生动形象，额顶有冠，双眼圆睁，脖颈修长，身体宽肥，羽翼闭合，短尾微翘，双足并立，蹼趾张开，显示出一派生气。雁喙张开，衔一鱼，鱼身短肥，下接灯罩盖；鱼下腹开口，巧妙地为灯罩盖留出了位置；圆形灯盘，直壁，浅腹，一侧附灯柄，盘内有2道直壁圈沿，与鱼下腹的直壁圈沿相对应，插入两片弧形翳板，构成可以左右开合的灯罩，便于根据需要调节照度大小、灯光照射方向和防御来风；外底直壁圈沿以子母口的形式与雁背的直壁圈沿套接在一起，灯烟可以通过鱼腹、雁颈导入雁腹内。此灯设计匠心，造型生动，构思奇巧，颇具想象力，把雁与鱼两者形象、装饰与实用的功能结合得天衣无缝，精致典雅，将青铜金属质感与线条柔美很好地搭配起来，使人观赏时油然而生愉悦、新奇之感，是一件集实用和装饰功能于一体的艺术杰作，既是实用的照明用具，又是室内精致的陈设品。

图2　雁鱼青铜釭灯出土场景

■ 理念环保的科技之灯

雁鱼青铜釭灯不仅造型美观大方，同时，它还极具巧思，是世界上最早的环保灯具，蕴含着先进的环保理念，也是一件具有极高科技价值的艺术珍品。

汉代的灯具多以动物油脂为燃料，点灯时会有一些没有完全燃烧的碳化颗粒和燃烧后留下的灰烬，随着油面上升的热气流挥发，造成室内烟雾弥漫，污染室内空气和环境，釭灯由此孕育而生。雁鱼青铜釭灯利用虹吸原理设置了一个过滤烟尘的装置：雁颈与雁体，以子母口套接，鱼腹、雁颈、雁体内部中空，彼此相连，灯油点亮后燃烧产生的烟雾，先由鱼形灯罩将烟导入雁颈造型的烟管，再经烟管进入盛水的雁腹，油烟废气冷却后溶于水中，从而起到净化室内空气的作用（图3）。人类最早的环保意识和环保技术，就这样举重若轻地体现在釭灯上。铜釭灯构思精巧别致，科学巧妙的设计体现出汉人的聪明才智和环保意识，达到了功能与形式的完美统一，是世界灯具史上的华彩篇章。它在彩绘、造型和装饰上的先进设计，使之在具有科学性的同时体现出汉代的审美时尚。

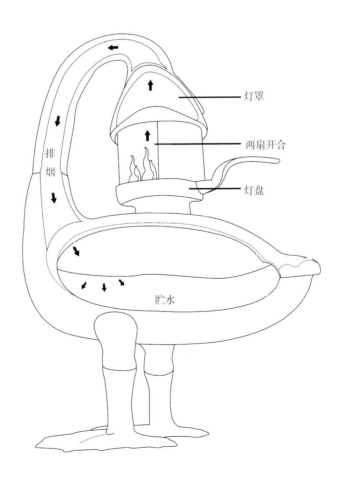

图3 雁鱼青铜釭灯使用时烟气流动示意图

■ 寓意吉祥的文化之灯

雁鱼灯不仅造型优美、科学实用，还包含着吉祥的文化寓意。雁是一种食草型大型水禽，很少食鱼，因此，雁衔鱼不符合雁的生活习性，这种造型不属于自然景物的艺术表达，而是一种吉祥文化表达。西汉时期，青铜灯已经被皇室贵族普遍使用，且灯具形式多种多样，铸造工艺奇巧。铜灯的造型多取自祥瑞题材，有鲜明的文化寓意，如雁足灯、朱雀灯、羊灯等，雁鱼灯是取自"鸿雁衔鱼"的祥瑞题材，鸿雁衔鱼的造型体现了汉人的美好愿望，遍施的华彩则反映了西汉的审美时尚。大雁定期南北迁徙的自然习性，与儒家"信"的理念相契合。雁在迁徙时，经常成群飞行，并在飞行中排成一字形或人字形，这种有序的飞行方式，与儒家"礼"的理念不谋而合。雁一般是一雄配一雌，雌雄可能终生配对，双亲都参与幼鸟的养育，爱情专一，从一而终，与儒家"节"的理念相符，因此雁的自然属性与汉代儒家思想相结合，被赋予了特殊的文化寓意，被视为具有仁心和情义的吉祥鸟。鱼属于多卵籽动物，繁殖能力极强，于是人们就把鱼与人类的生殖繁衍联系起来。在汉代，鱼和鸿雁在人们的精神世界占有特殊地位，是艺术创作的母题。鸿雁是传递思念和祝福的一种瑞禽，成为谦谦君子的代名词，在聘问、婚嫁之礼的器具上经常出现。鱼被视为情侣、配偶的代名词，尤其是指配偶中的女性一方，于是衔鱼便成为男女相恋、男欢女爱之隐喻。寓意吉祥的雁鱼青铜釭灯，表达了男女之间追求爱情、终生不渝、子孙昌盛、吉祥如意的人生追求。

雁鱼灯采用禽鸟衔鱼艺术造型，属于汉代釭灯的典型式样。釭灯是西汉新创制的灯具，釭是指导烟管，釭灯就是带导烟管的灯，导烟管有单管和双管两种（图4），都能将烟气导入灯腹内，使室内减少烟气而保持清洁，诸如牛形灯、雁鱼灯、朱雀灯、人俑灯等，有一件鼎形灯，自铭为"铜釭"，可知在汉代，带导烟管的铜灯被称为釭灯。灯盘一般带有灯罩，灯罩由两片弧形翳板构成，每片翳板的宽度为半个圆周或超过半个圆周，合拢成圆形。釭灯是西汉灯具在功能方面最先进的发明创造，构思设计巧妙合理。将实用功能、优美造型、科学理念有机融合，不仅体现了古人的智慧，也反映了他们高雅的生活情趣。南北朝时，这种灯具仍为人们熟知，为文人吟颂。晋人夏侯湛有《釭灯赋》，赞美这种灯："取光藏烟，致巧金铜"，华灯初上，缕缕青烟经过弯曲的烟管被导入中空的器腹，溶入清水里。"隐以金翳，疏以华笼"，金翳即灯罩，

《西清古鉴》称之为灯隐。"融素膏于回槃，发朱辉于绮窗"，将膏脂溶于可以转动的灯盘内，点燃照明，那红红的火苗辉映在美丽的窗子上。南朝宋人谢希逸用"金釭暖兮玉座寒"的诗句来形容此灯。

图4 双管青铜釭灯

■ 造型丰富的西汉铜灯

灯具从陶豆演化而来，大约出现在春秋时期，至战国时期，样式渐次增多，是古代人们日常生活中使用最为广泛的器具之一。《尔雅·释器》云："瓦豆，谓之登。"郭璞注曰："即膏灯也。"青铜灯出现于战国时期，盛行于西汉，达到了前所未有的高度，汉代是我国灯具发展史上最重要的时代，铜灯形式多样，构思新巧，结构合理，精巧实用。灯一般作圆盘形，盘内有支钉形火主，称烛钎，盘下有柱，名校，柱下有底座，又称柎（图5）；另有一种灯自铭为"行灯"，圆盘边有把手，盘底有三短足，附有承盘（图6）。

考古资料表明，西汉的灯具种类繁多，数量巨大，设计独具匠心，将灯具的形式美与实用功能完美融合。西汉灯具主要有豆形灯、耳杯形灯、盘形灯、动物形灯、人俑形灯、卮形灯、多枝灯等，其中动物形灯具造型千姿百态，主要有牛形灯、羊形灯、鹿形灯、朱雀灯及雁鱼灯等，生动逼真，栩栩如生，别具一格（图7）。多枝灯灯盘众多，分层错落安置，点燃以后，灯火交相辉映，有如花树，极其豪华气派（图8）。众多的青铜灯具尺度适宜，可消烟除尘，可挡风调光，功能合理，讲求实用，灯盘与灯体的连体结构复杂而科学，灯体可以拆洗，便于携带，吊灯设计有悬挂装置，使用方便，造型生动，充分展示了汉代冶铸业的水平。

西汉各种灯具高矮不一，主要与其使用环境和使用方式有关。盘形灯、动物形灯、耳杯形灯等则放置在低矮的家具上使用，一些大型的豆形灯立在地面上使用，多枝灯在各类灯具中最高，立在地上使用。汉代灯的燃料有动植物油脂和蜡，刘贺墓出土铜灯盘中尚存有残蜡（图9）。

西汉灯具主要有陶瓷质、青铜质、铁质和石质等（图10）。在汉代帝王将相、王侯显贵、地方豪强的墓葬中常有青铜灯出土，数量多寡、精美程度因墓主人身份地位而异。刘贺墓出土各式青铜灯27件，包括釭灯7件、豆形灯13件、五枝灯2件、行灯2件、雁足灯1件、雁鱼灯2件。雁鱼灯成对出土，在汉代考古发现中尚属首次。国内出土、公开报道的西汉雁鱼青铜釭灯除刘贺墓外，还有5件。1985年陕西榆林神木县店塔村西汉墓出土1件，现藏陕西历史博物馆。该灯由雁首颈、雁身、灯罩、灯盘4部分构成，通体绘红、白漆，喙、腿下关节及蹼涂朱，眼圈、头部羽毛勾白，颈、腹及背部外饰朱鳞纹，内点白心，眼睛点墨，两翅硬羽轮廓隆起。1985年山西平朔

图5 "南昌"豆形青铜灯　　　　　　　　　　图7 鹿形青铜灯（大云山江都王墓出土）

图6 青铜行灯

图 9　灯盘中残存的蜡

图 8　鎏金青铜五枝灯

图 10　豆形陶灯（刘贺墓园出土）

照十八庄汉墓出土 1 件，现藏国家博物馆。该灯同样由雁首颈、雁身、灯罩、灯盘 4 部分构成，雁额顶有冠，绘红彩，雁、鱼通身施翠绿彩，在雁、鱼、灯罩上以墨线勾出翎羽、鳞片和夔龙纹。1986 年山西襄汾县吴兴庄出土 1 件，现藏山西博物院。该灯造型、彩绘风格与照十八庄出土同类灯基本一致（图 11）。近年太原市公安局迎泽分局成功追缴回 1 件雁鱼灯，该灯造型、彩绘风格与照十八庄出土同类灯基本一致。2018 年河南洛阳西工区纱厂西路西汉墓出土 1 件，与前述灯相近，现藏洛阳市博物馆。

　　西汉彩绘雁鱼青铜釭灯，以其独特优雅的造型，精巧环保的结构，吸引着观赏者的目光。它是一件集艺术、历史和实用价值于一身的珍贵文物，展现着与众不同的魅力。西汉彩绘雁鱼青铜釭灯就像是一盏永不熄灭的文明之灯，向后人展示着两千多年前西汉工匠的智慧与巧思。

图 11　雁鱼青铜釭灯

鎏金青铜博山炉

朱火青烟　通神入仙

尺　　寸：通高 23.5、承盘口径 23.5 厘米
质　　地：青铜
出土位置：刘贺墓主椁室西室

　　鎏金青铜博山炉出土于刘贺墓主椁室西室，共 2 件，体量接近，造型、装饰相同，仅炉座装饰方式略有区别，一件为浮雕龙纹，一件为透雕龙纹。炉体似带盖豆，由炉盖、炉身、底座、承盘 4 部分组成，盖与身子母口扣合，通体鎏金。炉盖为母口，圆雕，呈山峦起伏、云气升腾状，盖面因山势镂孔，山峦间神兽出没，猎人巡游；炉身子口微敛，呈半球形，鼓腹，圜底，炉体肩部饰宽带凸弦纹一周，炉腹饰水波纹，翻卷的 6 个浪尖等距离分布于沿口，可以巧妙地卡住炉盖；喇叭形座，浮雕 2 条升龙，龙身卷曲盘绕，圆形承盘，平折沿，浅腹内收，平底，近底处下折 2 次，形成二层底，盘内漆绘云气纹，与底座浮雕升龙共同营造出龙腾出海的意境。一件通高只有 23 厘米的博山炉汇合了仙界人间、高山大海和神龙异兽等众多元素，精湛的铸造技艺充分诠释了盛世时期汉代工匠高超的智慧和非凡的想象力，反映出汉代的神仙信仰体系（图 1、2）。

图 1　鎏金青铜博山炉

■ 熏香与熏炉

我国熏香历史悠久、应用广泛，熏香既可以净化室内空气，祛除异味；也可以熏烤衣被，防止虫蛀；还可以生香爽身、凝神静气。古人从芳香植物所引起的愉悦、兴奋、陶醉等直观感受中，产生了焚香有助天地神人沟通的观念。西周时期，朝廷设有掌管熏香的职官，熏香成为西周王室贵族的生活时尚。春秋战国时期香草使用方法多样，可以用香包包裹，贴身佩戴，可以在熬汤时掺杂香料，也可以煮水沐浴，还可以熏燃以熏染衣物、净化空气，屈原《离骚》中提到秋兰、蕙、江离、艾、椒、桂、萧等草本香料。

秦汉时期，人们对熏香有了更深入的认识，熏香习俗得到快速发展。西汉前期的长沙马王堆轪侯利苍夫人辛追墓中出土了2件彩绘陶熏炉（图3）、2件香奁、2

图2　鎏金青铜博山炉出土场景
图3　彩绘陶熏炉

件香熏罩、6个香囊、6个香草袋、1个香枕及茅香、高良姜、姜、桂、花椒、辛夷、藁草、杜衡、佩兰等十多种草本香料，难能可贵的是一件陶熏炉中还残存有茅香、高良姜、辛夷、藁草之类香料。汉武帝时期，由于开通了陆上、海上丝绸之路，中外经济文化交流繁盛，南海及西域诸国盛产的檀香、沉香、龙脑、乳香、甲香、鸡舌香等树脂类香料、合成类香料源源不断地输入中国，推动了熏香习俗的普及，既用于居室熏香、熏衣、熏被，也用于宴饮、歌舞等娱乐场所。熏香在贵族阶层中流行，逐渐演变成一种雅致的生活方式，出现了熏香文化的第一个高潮，为后世熏香文化的发展奠定了良好基础。汉武帝本人嗜香成癖，各地官吏、邻邦诸国竞相进贡香料，汉武帝置椒房储宠妃，赏赐熏香炉以示恩宠。据《太平御览》引东汉应劭《汉官仪》记载，尚书郎向皇帝奏事之前，有"女侍执香炉烧熏"，奏事时要"口含鸡舌香"，从而口气芬芳、一身香气地侍奉天子。

先秦及汉代的香器主要有熏炉、熏球、香囊和香枕，熏炉是代表性熏香用具。考古发现表明新石器时代已有陶质熏炉，战国时期出现铜熏炉，西汉早期，熏炉的种类、数量骤增。汉代熏炉主要以青铜质、陶质为主，造型丰富，依形制大致可分为豆形炉、博山炉两类（图4、5）。

熏炉是汉墓中常见的随葬品，在各等级墓葬中均有所发现，仅有材质、数量的差别。据不完全统计，已出土汉代熏炉超过 500 件，其中青铜熏炉约 200 件。汉代熏炉出土地域分布广泛，广东、广西两地出土最多，湖南、湖北、江苏、浙江、江西等地次之。据《广州汉墓》，广州市发掘的 200 多座汉墓中约有一半墓葬出土了熏炉，有的炉

图4　鎏金青铜熏炉
（中山靖王刘胜墓出土）

图5　青铜博山炉
（南昌汉墓出土）

腹内还残存粒状合成型香料。西汉中期，博山炉兴起于皇室贵族阶层，到西汉晚期流行于民间。器形多样、制作精良、装饰富丽的各类熏炉成为皇室内苑、高官巨贾，乃至寻常百姓家的生活日用品，尤以博山炉最为著名。

刘贺墓出土镂空云龙纹熏炉2件（图6），各式青铜博山炉13件，主要有盘龙纹座博山炉、人驭龙座博山炉（图7）、朱雀立龟座博山炉（图8）、带鋬博山炉（图9），造型和装饰风格与满城汉墓、安徽巢湖放王岗吕柯墓、徐州石桥汉墓等高级贵族墓出土的同类炉相近，都是西汉流行的式样。刘贺墓主椁室东、西室各出土2件青铜博山炉、1件青铜熏炉，说明当时博山炉与熏炉是二种不同功用的器物，在实际使用时是2件博山炉搭配1件熏炉，为我们研究西汉博山炉、熏炉的组合方式、使用方法及其在室内的陈设方式提供了难得的实物资料。

先秦时期，熏炉造型以豆形、圆球形为主，炉身较浅，炉盖较平，香料主要是茅香等草本植物，直接放在熏炉中燃烧，虽然香气馥郁，但烟气浓，带大镂孔的平盖设计便于排烟。西汉中期大量进口的香料以树脂类、合成类香料为主，与传统的香草相比，香气更加浓郁，持续更加长久，但这些香料被制成香饼或香球，需要置于炭火等燃料上熏烤，香气才会慢慢散发，促使熏炉造型由豆式熏炉向博山炉演变，以实

图6　镂空云龙纹青铜熏炉

图7 人驭龙座青铜博山炉
图8 朱雀立龟座青铜博山炉

现理想燃熏状态。与早期的豆形熏炉相比，博山炉的炉盖增高，镂孔变小，以防止炭火太旺，炉身下部的进气孔缩成很窄的缝隙，这样，香料慢慢被加热，香味徐徐散发，烟气又小；炉身加深，便于在炉内堆起香灰，以炭火熏燃香料。熏炉的炉盖雕塑成群山状，寓意仙山，是秦汉时期神仙思想影响的结果。正如吕大临《考古图》所说："香炉像海中博山，下盘贮汤使润气蒸香，以像海之四环。"博山炉盖上有山峦群峰，飞禽走兽穿行其间，在山峦隐蔽处有一些孔隙，当香料在炉中熏燃时，香烟从镂孔散出，有如群山环绕，袅袅云雾，香气四溢，沁人心脾，把神话传说中虚无缥缈而又令人神往的仙山真实地呈现在世人面前，满足了人们追求长生不老的美好愿望（图10）。

汉代文献及博山炉铭文上均不见"博山炉"一词，多以熏炉名之，出土于陕西兴平茂陵陪葬坑的鎏金高柄竹节座青铜博山炉，炉盖和底座上都有铭文，注明了熏炉的名称、制造机构等信息，铭文称此器物为"金黄涂竹节熏卢"，可见在汉武帝时，这种式样的熏炉还未以博山炉命名（图11）。博山炉一词始见于魏晋南北朝时期的文学作品，晋葛洪《西京杂记》、晋张敞《东宫旧事》等文献中有相关记载。

南朝陈人徐陵编选的《玉台新咏》收录的《古诗八首》之六："四坐且莫諠，愿听歌一言。请说铜炉器，崔嵬象南山。上枝似松柏，下根据铜盘。雕文各异类，离娄自相联。谁能为此器，公输与鲁班。朱火然其中，青烟飏其间。从风入君怀，四坐且莫欢。香风难久居，空令蕙草残。"诗中所述器物，炉身呈半圆形，上面有圆锥形盖，似层层山峦，装饰着错落有致的人物、鸟兽、草木、云气等，正是博山炉。《艺文类聚》卷七十"香炉条"引西汉刘向《熏炉铭》曰："嘉此正器，崭岩若山。上贯太华，承以铜盘。中有兰绮，朱火青烟。"诗中的熏炉以山峦形制为主要特征，刘向将炉盖部分比喻为华山。熏炉中间是炉身，点燃香料，发出红色的火光并飘散出袅袅青烟，熏炉下面也配有铜盘，刘向称之为"熏炉"，表明直到西汉晚期还没有将"博山炉"作为这种样式熏炉的通称。东晋葛洪抄撮编集汉晋野史杂说而成的《西京杂记》卷一曰："长安巧工丁缓者……又作九层博山香炉，镂为奇禽怪兽，穷诸灵异，皆自然生动。"这里的"九层博山香炉"是出自汉代人之手还是出于后人的追述，已经不可确考，但可以说明至迟在东晋时期，已将这种具有"博山"特征的熏炉称为"博山香炉"。从炉盖上点缀有几何形镂孔的豆形熏炉，逐渐演变成炉盖微耸的简单博山炉，直到九层博山，灿错金银、飞禽走兽、神兽仙人，反映出汉代工匠对精致工艺的追求，正如傅縡《博山香炉赋》所云："寒夜含暖，清霄吐雾。制作巧妙独称珍，淑气氤氲长似春。随风本胜千酿酒，散馥还如一硕人。"

熏香这一源于美化生活的习俗，因博山炉的发明而进化成一种充满诗画情意的生活方式，也使熏炉功能从实用器演变成一种彰显主人修养、品位的陈设品。博山炉是汉代香炉的代表，是香炉史上至关重要的一环。宋人赵希鹄《洞天清录集》"香炉条"中说，博山炉是专门为焚香而制："古以萧焫达神明而不焚香，故无香炉。今所谓香炉，皆以古人宗庙祭器为之。爵炉则古之爵，狻猊炉则古踽，足豆香球则古之鬶，其等不一，或有新铸而象古为之者，惟博山炉乃汉太子宫所用者，香炉之制始于此。"

博山炉因其独特的造型和蕴含的思想文化成为后世熏炉的典范，为历代文人墨客吟颂，留下了大量文学作品。东汉李尤《熏炉铭》云："上似蓬莱，吐气委蛇。芳烟布绕，遥冲紫微。"南朝宋人鲍照《拟行路难》诗之二："洛阳名工铸为金博山，千斫复万镂，上刻秦女携手仙。承君清夜之欢娱，列置帷里明烛前。外发龙鳞之丹彩，内含麝芬之紫烟。" 南朝梁人萧统《铜博山香炉赋》："制一器而备众质，谅兹物之为侈。于时青女司寒，红光翳景。吐圆舒于东岳，匿丹曦于西岭。蕙帷已低，兰膏未屏。爇松柏之火，焚兰麝之芳，荧荧内曜，芬芬外扬，似庆云之呈色，若景星之舒光。"南朝齐人刘绘《咏博山香炉诗》："参差郁佳丽，合沓纷可怜；蔽亏千种树，出没万重山。上镂秦王子，驾鹤乘紫烟；下刻蟠龙势，矫首半衔莲。旁为伊水丽，芝盖出岩间；复有汉游女，拾羽弄余妍。荣色何杂糅，缛绣更相鲜；麋麑或腾倚，林薄杳芊眠。掩华终不发，含熏未肯然；风生玉阶树，露湛曲池莲。寒虫悲夜室，秋云没晓天。"这些文学作品把博山炉本身作为歌咏对象，诗人只是专注于对物象美的捕捉与审美体验，对博山炉的质地、工艺、装饰、意境都有所赞颂，比如刘绘的诗先概括描写了博山炉的全貌，前四句描写博山炉最醒目的炉盖部分，中两句是山峦上的仙人，接着描写炉柄上装饰的蛟龙，然后回到炉盖本身细部雕琢，"旁为伊水丽，芝盖出岩间。复有汉游女，拾羽弄余妍。荣色何杂糅，缛绣更相鲜；麋麑或腾倚，林薄杳芊眠。"秀丽的水流，祥瑞的灵芝，美貌的游女，充盈其间的动物或跳跃嬉戏，或倚靠休息。诗人通过博山炉外观的造物之美，探寻它所表现出的思想及其在汉代社会生活中所起的作用。

图 10　盘龙纹座青铜博山炉　　　　　　　图 11　鎏金高柄竹节座青铜博山炉铭文

■ 博山炉与秦汉神仙思想

博山即汉代神仙信仰中的海外仙山，博山炉是专指模仿海上仙山造型的熏炉。宋人徐兢在《宣和奉使高丽图经》中介绍："博山炉，本汉器也。海中有山，名博山，形如莲花，故香炉取象，下有一盘，作山海波涛鱼龙出没之状，以备贮汤熏衣之用，盖欲其湿气相烟不散耳。"因此博山炉的造型设计追求的是海中仙山、云气缭绕的意境，它是春秋战国以来熏香文化和神仙信仰相结合的产物。汉武帝时期，随着外来树脂类香料的流行和神仙思想的盛行，博山炉应运而生。

博山炉之所以作"博山"形，和汉人信仰的仙道思想有关。人老而不死则为仙，神仙居住的地方就是"神山""仙山"。"博山"本是古人对仙山的通称，人们对雄伟高大、神秘莫测的山充满恐惧和敬畏，产生了山岳崇拜，人们认为，那些常年云雾缭绕的大山上居住着神仙。名山封禅成为人间帝王与天地沟通的途径，伏羲、神农氏、炎帝、黄帝、尧、舜、禹、汤、周成王等古帝贤王均在受命之后举行过封禅仪式，历代帝王视神山崇拜为实现政权合法性的手段，帝王的身体力行又将神山崇拜推到一个新的高度。春秋战国至西汉，是宗教神话传说盛行的时期，神仙家的鬼神之事、阴阳家的五德终始说，以及《山海经》《庄子》《楚辞》等典籍的记载，为世人构建起缥缈的神仙世界，长生不老、飞升仙界成为上至帝王下及百姓的狂热追求，齐威王、燕昭王、秦始皇、汉武帝，更是屡次派人寻找神话传说中的仙山。秦始皇即位后，齐人徐福上书称，蓬莱、方丈和瀛洲三座神山上有仙人，请求入海求仙人，于是秦始皇便不惜耗费人力、财力，派徐福东渡，访海外仙山，求长生不死药（图 12）。

原始信仰与神仙方术在以儒家为正统思想的两汉时期相互交织、深入人心，人们追求升仙与长生不老。在瑰丽的汉赋、仙异的建筑和琳琅满目的雕刻艺术中，从世间庙堂到天上宫阙，西汉艺术展现的正是《楚辞》《山海经》中描绘的龙蛇九目、鸱鸟飞鸣、蛇身女娲、人神杂处的奇异世界。西汉中晚期武帝、昭帝、宣帝时期升仙思潮流行，在熏香习俗方面表现为以"仙山"为形的博山炉迅速流行。汉武帝不仅要拥有四海，还想拥有天间仙界，把寻找海上仙山作为拥有四海的一部分，他多次东临大海，派专人守候海边以望蓬莱仙气，并任用齐地方士少翁、栾大等人为他入海求仙。司马相如《大人赋》，用磅礴的语言、神异的幻想为汉武帝描绘了一位不同凡响的帝王之仙和他的天上苑囿，他驾应龙象舆遨游天际，赤螭青虬护卫于两翼，至少阳、登太阴，召囷中众神以呼应，五帝为他先导，太一随他前行，遍览八统四荒，飞跃五河九江。这些随意驰骋的幻想成为此后创造的源泉，逐渐变成现实：从象征天上银河的昆明池到象征东海仙境的太液三山，从充满奇花异木、灵奇异兽的上林苑，到宫殿名称、形制完全比附天上宫阙的建章宫，武帝将他对长生和仙境的情感寄托在人间苑囿中。正如少翁所言，若想要通神，日常所用都得是神物，所以除了建造假山，工匠们还模仿海外仙山制作了博山炉。博山炉在现实世界中创造出了仙境，香炉似山峦，浮于水波间，点燃香料后，香烟从山间袅袅升起，与云雾缭绕的海外仙山神似。仙山虽然在遥远无垠的海外，现实的追求虽然尚未有满意的回应，但小小的博山炉包含了凡间仙界、天地人神，通过对博山炉的把玩品味，人们实际上已经拥有了海外仙山，洋溢出天人合一的满足感。

博山的形象不仅象征求仙和长生，也代表了死者期望通过山岳到达天界。在楚汉的信仰体系中，山岳不仅是神仙的居所，还是通往天界的必经之地。因此，到了西汉中晚期，除博山炉外，博山形的陶壶、陶盒、陶仓等器物大量出现。汉代流行陪葬熏炉，寄寓着让亡魂登临仙境的美好祈愿。陪葬的博山炉不仅是死者生前常用之物，同时也是一种象征——借仙山之形态，为死者营造出一个升仙的神圣空间，在这里亡魂可以到达彼岸，得道成仙。

图 12　漆器上的羽人纹

■ 博山炉与西汉造物理念

博山炉的设计以神山为主题，以仙境为画面，将唯美的山景与神禽异兽、烟岫云岚浓缩于一器，以神入画的造型艺术手法淋漓尽致地勾画出西汉时期人们心目中的神话世界，体现了神仙信仰对日用器物设计制作的影响。西汉的能工巧匠精心创作，跳出单视点构图的局限，从不同的欣赏角度去考虑设计，以便观者从不同角度、不同视点可以看到不同的独立画面，这些画面衔接在一起，又可以呈现出一个完整的场景，整体造型可谓动静结合、仙凡结合、虚实结合，堪称以神入画，将博山炉的使用功能与造型结构完美融合，赋予其精巧雅致的实用功能，让人用之静心、观之怡心。博山炉分为炉座、炉盘、炉盖和承盘 4 部分（图 13），炉座与炉体两部分与承盘之间用钉铆合在一起，保持结构稳定与炉身平衡，承盘的设计扩大了器物整体的受力面，使得博山的造型更加平衡稳定，给人以视觉上的安全感。炉盖高而尖，循山势起伏镂孔，在不破坏整体美感的前提下，最大程度地保证烟气的发散，设计目的在于人为地控制烟气的流向，可以使熏烟向上漂浮聚集，从丘壑林泉中袅袅升起。它与西汉前期流行的平盖镂孔炉的直燃直排相比，有效地减缓了出烟的速度，形成了一种含有"节奏韵律"的出烟效果，这种唯美的出烟动态过程，又为博山炉增添了浪漫抒情的意趣。熏香时从炉盖镂孔里飘起的烟气产生的视觉感受与仙山意境相通，符合汉人想象中的仙境。炉体升腾旋绕的云气，赋予山峰以神秘感，此时，烟云与山石融为一体，既是峰峦的边界，又是云气的末梢。博山炉的底部透雕蛟龙出海，以蛟龙矫健的身姿进行意象表达，底部承盘，盛水之后既可以象征大海，又可以通过水汽的蒸腾增加博山仙境的超尘脱俗之感，避免了器物形体的大小对"大海"的限制。这种充满不确定性的视觉处理，留给观者无限的想象空间。当点燃香料时，袅袅轻烟从山峦的起伏处缓缓逸出，缭绕在山峦景物间，虚虚实实，亦真亦幻，犹如海上仙境。工匠们在构建博山炉的仙境时，融入了世俗凡尘的生活场景，为超然物外的神山仙境增添一丝人间烟火气，给人以仙境在人间的错觉。在神秘的仙山间，点缀着禽、兽、人等，让人联想到猎人巡猎山间的世俗生活画面，为缥缈的仙境增添一份真实感，如此仙凡结合的造型设计，不仅让器物的整体画面更加丰富生动，又博取了观者对器物造型的认同感（图 14）。

无论是入海还是登山，对养尊处优的帝王和贵族来说，都是一件费心又费力的事。人们需要在世俗生活中营造出仙境，吸引神仙驻足，抓住和神仙交往的机会，博山炉正是为营造这一氛围而发明的典型器物。在对现实的与非现实的想象中，万物尽收眼底，万事皆在把握之中，袅袅香烟飘浮在重峦叠嶂的炉顶，尽管是神奇的仙山，仿佛在脚下，尽管是神秘的仙人，仿佛在眼前，在这种静默的忘我意境中，遥远的蓬莱仙境似乎若隐若现，神仙飘然而下，从而达到人神交驰、通神入仙的意境。在 2000 多年前的西汉后期，海昏侯刘贺夫妇燃起一炉熏香，烟气缭绕伴着香气微醇，悠闲地把玩，细细地品味，博山仙境在视觉与嗅觉的氛围里若隐若现，一缕沉馥馨香，舒缓俗世烦忧，给人以天人合一的精神体验。

博山炉是西汉中期出现的富有特色的熏香器具，博山炉的造型和装饰，既讲求实用又注重美观，既是高雅的装饰物品，又是富有科学性的实用器物，寄托了古人对神明的崇敬和对美好生活的向往之情，将西汉时期人们的思想追求、造型艺术与实用功能相融合，通过工匠超凡卓绝的技艺加以呈现，不仅是汉代工艺发展水平的杰出代表，也是汉代审美趣味和文化气质的体现，堪称汉代艺术珍宝。

图 13　青铜博山炉的构造

图 14　青铜博山炉的纹饰

叁 — 儒风南阜

孔子徒人图漆衣镜

《论语》竹简

孔子徒人图漆衣镜

圣人贤人　万世师表

尺　　寸：镜匣
　　　　　　通高 96.0、宽 68.0、厚 6.0 厘米
　　　　　　青铜镜
　　　　　　宽 46.5、高 70.3、厚 1.2 厘米
质　　地：木、铜
出土位置：刘贺墓主椁西室中部偏西处

　　孔子徒人图漆衣镜出土时倒伏在地，断裂为数块，压在装有饼金的漆笥上面，附近伴出漆榻、漆案、漆盘、漆耳杯、青铜博山炉、青铜熏炉、青铜连枝灯等。衣镜经专业人员精细清理、拼合，现已复原（图1）。衣镜镜匣背面彩绘漆书孔子及其弟子画传，根据《汉书·艺文志》著录《孔子徒人图法》二卷的书名可知，孔子师徒画像当时称孔子徒人图。根据伴出《衣镜赋》屏风，可知此物为衣镜，按文物定名通则，可称之为孔子徒人图漆衣镜。

图 1　孔子徒人图漆衣镜镜匣正面

■ 最早的东王公图像

孔子徒人图漆衣镜由青铜镜、孔子徒人图漆镜匣、镜架三部分组成。铜镜背面为素面，有5个半环状纽，在内框内还保留有一个铜插销，可能是穿在镜纽内以便把铜镜嵌于背板上。镜架为木质髹漆。镜匣为长方形，由四周的厚方木（镜框）和背板围合而成。镜框围在铜镜四周，盖板（镜掩）在镜框内，有铜合页将盖板与镜框相连，可开合，合盖时镜框与盖板在一个平面上，镜匣两侧下半部各有1个铜环。

伴出的《衣镜赋》屏风对衣镜的功能及上面的图案内容进行了描述（图2），比如描写衣镜立柱曰："猛兽鸷虫兮守户房，据两蜚虡兮匜凶殃，傀伟奇物兮除不详。""蜚虡"即"飞虞"，就是说立柱雕刻有飞禽走兽，镜匣的两个铜环就套在"飞虞"之上。描写镜框曰："右白虎兮左仓龙，下有玄鹤兮上凤凰，西王母兮东王公，福熹所归兮淳恩藏，左右尚之兮日益昌。"对照衣镜实物，其左右镜框分别就有白色龙、虎图像；上框绘红色凤凰；凤凰左右两端分别是东王公和西王母；下框为"玄鹤"图像。

镜匣正面以黄漆为底色，四周边框用白色粗线条勾绘边线，分割出相对独立的空间，内绘神兽和仙人图案（图3）。上方边框中间的红色凤凰，口含一珠，唅下还有二珠下坠，两侧分别为东王公、西王母，面向观者席地而坐，头向内侧倾斜，略呈对视状，东王公、西王母像，均在黄地色上用白漆勾绘出人物形体，西王母像头部、下半身，东王公像全身均填绘褐色漆，东王公像戴冠，颔下有胡须；在二仙的身旁各绘有一个侍从，在黄地色上巧妙地用白漆勾绘出人物形象。东王公旁的人物面向东王公跪坐，面前摆放一盘状物，双手举于胸前，呈跪拜或献物状；西王母旁的人物面向西

图2 《衣镜赋》屏风局部

鸷虫（zhì chóng）：凶猛的鸟。

图 3　镜匣正面复原图（复制品）

图 4　镜框上部的凤凰及东王公、西王母像

王母跪坐，左手把臼，右手持杵，作捣药状，或与捣药玉兔相关。这样便形成了东王公和西王母两位主仙带着各自的侍从，在衣镜镜框上部各据一方"左右尚之"的画面（图4）。左侧边框为白漆绘奔虎，回首张口，四足腾空，尾竖起，用灰漆描绘斑纹；虎旁配有羽人、白鹤、怪兽。右侧边框为白漆绘行龙，龙旁配有羽人、天马、怪兽。下方边框为白漆绘左右各踏一腾蛇的龟形动物，与"玄武"形象相近，《衣镜赋》中称之为"玄鹤"。双开门镜掩正面绘双向升腾的含珠仙鹤立于祥云之上，鹤为金色、深黄色（图5）。

孔子徒人图漆衣镜及《衣镜赋》是目前为止发现最早的东王公图像和文字资料。证明以东王公作为男性的"阳神"与女性的"阴神"西王母相对应的图像组合模式在西汉宣帝时期已经定型，将东王公神格和图像的出现时间，由东汉提前到了公元前1世纪，"东王公会西王母"等神仙传说在西汉便已存在，为研究汉代神仙图像提供了珍贵的新线索。

图5　仙鹤纹镜掩

■ 最早的孔子师徒图像

镜匣背面为孔子及其五位弟子的图像和传记，以红漆绘底色，以黄色粗线在四周绘方框，在方框内用两条黄色粗线将镜匣分割成大小基本相等的三部分。每部分的布局基本一致，中间彩绘相向而立的两个人像，人像头部后上方标有人物姓名作为榜题；上栏为孔子和颜回（子渊），中栏为子贡（子路）和子赣，下栏为子羽和子夏。在两侧用黑漆书写有关该人物生平和言行的题记。文字均为汉隶，作分栏式纵向排列，起始用黑圆点为篇首，左侧三人传记每列文字间用黑线分割，右侧三人传记每列文字间则没有黑线分割，除孔子篇外，其他五个人的篇尾都用单独一列写篇名。每篇题记字数不一，每列字数不等（图6、7）。

上栏为孔子和颜回。孔子像位于左侧，像高约28.8厘米，宽约8.4厘米。孔子身材消瘦，背微前倾，面向颜回拱手而立，头戴小冠，颌下长须；身穿外黄里白袍，腰间束带、佩具剑，脚穿白色翘头履。颜回像位于右侧，像高约27.0厘米，宽8.8厘米。颜回面向孔子，头戴小冠，面目清秀，身穿外黑里黄袍，双手放于身前，掌心向上，作捧物状，向孔子躬身行礼（图8）。题记释文如下：

●孔子生鲁昌平乡聚邑，其先□□也，曰房叔。房叔生伯夏，伯夏生叔梁纥。纥与颜氏女野居而生孔子，畴于丘。鲁襄公廿二年孔子生，生而首上汙顶□名丘云，字中尼，姓孔子氏。孔子为儿僖戏，常陈俎豆，设容礼，人皆伟之。孔子年十七，诸侯□称其贤也。鲁昭公六年，孔子盖卅矣。孔子长九尺有六寸，人皆谓之长，异之。孔子修行礼乐仁义□久天下闻其圣，自远方多来学焉。孔子弟子颜回、子赣之徒七十有七人，皆异能之士已。行说诸侯毋所遇，困于陈蔡之间。鲁哀公六年，孔子六十三。当此之时，周室咸，王道竫，礼乐废，盛德衰，上毋天子，下毋方伯，臣证君，子证父，四面起矣。强者为右，南夷与北夷交，中国不绝弟缕耳。孔子退监于史记，说上世之成败，古今之……始于隐公，终于哀公，列十二公事。是非二百卅年之中，证君卅一，亡国五十二，刺几得失以为天下……曰：吾欲载之空言，不如见行事深切著明也。故作春秋，上明三王之道，下辨人事经纪，决嫌疑……与。举贤材，废不宵，赏有功，诛桀暴，采善茞恶以备王道。论必称师，不敢专己。追跡三代之礼，序书传，上纪唐虞之际，下至秦缪，纶次其事，约其文辞，诗书礼乐耶颂之言自此可得而述也，以成孰。孔子年七十三，鲁哀公十六年四月己丑卒。天下君王至于贤人众矣，当时则荣，殁则已焉。孔子布衣，传十余世，至于今不绝，学者宗之。自王侯，中国言六艺者折中于孔子，可胃至圣矣！

图6　镜匣背面

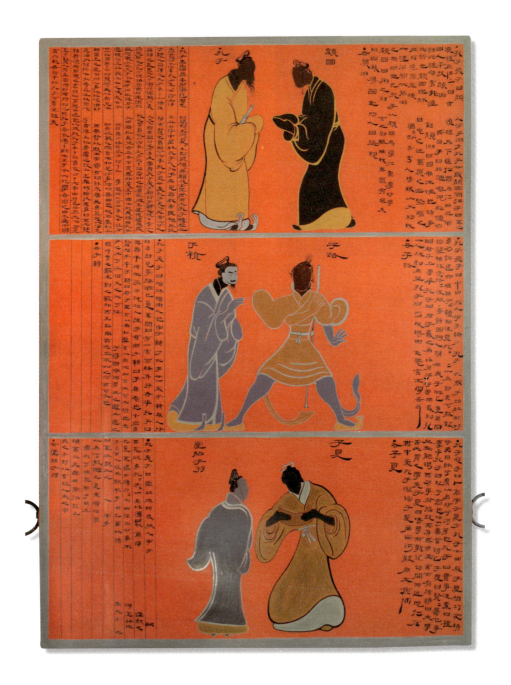

图7　镜匣背面复原图（复制品）

●孔子弟子曰颜□□人，字子渊，少孔子卅岁。颜回问仁。子曰：克己复礼为仁，一日克□复礼，天下归仁焉。为仁由己，而由人乎哉！颜渊……问其目。子曰：非礼勿视，非礼勿听，非礼勿言，非礼勿动。颜渊曰：回虽不敏也，请事此语也。颜回湫然□曰：卬之迷高，攒之迷坚，瞻之在前，忽焉在后。夫子循循然善秀人，博我以文，约我以礼，俗罢不能，湫……䡅虽俗从之，无由也已。孔子以颜回为淳仁，重厚好学。颜回曰：用之则行，舍之则藏，唯我与䡅有是夫！曰：自我得回也，门人日益亲。

●右颜渊

中栏为子赣和子路。子赣像位于左侧，像高约26.5厘米，宽约8.5厘米。身穿灰色长袍，侧身向右而立，头戴小冠，短须短髯，右手举至胸前。子路像在右，像高约26.2厘米，宽约16.1厘米。正面朝外，身穿褐色襦，腰间扎白带，佩剑杖，两臂外张，左手心向前，向左下方按压，右手上举至左肩前，两袖飘动，两腿跨立，脚穿圆头黄色鞋，整个人显得孔武有力（图9）。题记释文如下：

●孔子弟子曰端沐赐，卫人也，字子赣，少孔子卅一岁。子赣为人，接结善对，见事接。湫已受业，问曰：有一言可终身行者乎？孔子曰：其若乎所不欲，勿佗于人。陈子禽问子赣曰：子为恭也，中尼岂贤于子乎？子赣曰：君子壹言以为知，壹言以为不知，言不可不慎也。夫子之不可及，犹夫之不可陛而升也。夫子得国家，所胃立之

图8　孔子和颜回像

斯立，道之斯行，秀之斯来，动之斯和。其生也荣，其死也哀，如之何其可及也？

●右子赣

●孔子弟子曰中由，卞人，字子路，少孔子九岁。子路姓鄙，好勇力，伉直，冠雄鸡，佩豭豚，凌暴孔子。孔子以为质美可教，设诡礼，稍诱子路。子路后服委质，因门人请为弟子。溉已受业，问曰：君子上勇乎？孔子曰：君子义之为比，君子好勇无义则乱，小人然则为盗。孔子曰：自我得由也，恶言不闻吾耳。

●右子路

下栏为堂驺子羽和子夏。子羽像位于左侧，身穿灰袍，背向外，头右侧，看向右前方，双手负于身后。子夏像位于右侧，像高约26.3厘米，宽约11.4厘米。身穿褐色长袍，身体微微倾向左侧，头戴小冠，双手持展开的竹简（图10）。题记释文如下：

●孔子弟子曰堂驺咸明，武城人，字子羽……然其恶。欲事孔子，孔子以为材薄，曰：然，乌得扬……遂教之。溉已受业，退而修行，行不由径，非公事不见……游至江，从□子三百人。设去就取予用已，若以师……侯，孔子□也，曰：甚乎哉！丘之言取人也。宰予字……以为可教。溉已受业，修于学……其稿，不可滧也。宰予问五帝之德……临菑大夫，与田常作乱已……失之子羽，以言取人，失之宰予。

●右堂驺子羽。

图9　子赣和子路像

●孔子弟子曰卜商，字子夏，少孔子廿四岁。子夏问：巧笑倩兮，美目盼兮，素以为绚兮，何胃也？孔子曰：贵事后素，曰礼厚乎？孔子曰：起予商也，始可与言诗已。子夏曰：贤贤易色，事父母能渴其力，事君能致其身，与朋友言而有信，虽曰未学，吾必胃之学矣。子夏曰：博学而孰记，切问而近思，仁在其中矣。孔子溉殁，子夏居西河教，为文侯师。

●右子夏。

由于镜匣背面空间有限，只能安排孔子及其五名弟子的画像和评传。在《衣镜赋》屏风背面安排了孔子后期两名贤能弟子曾子和子张（图11），这样《衣镜赋》屏风和镜匣的背面就绘画了孔子及其七名著名弟子。曾子题记有待拼合，子张题记释文如下：

……子曰颛孙师，陈人，字子张，少孔子十八岁。子张问干禄。孔子曰：多闻阙……其余则寡尤；多见阙殆，慎行其余则寡悔。言寡尤，行寡悔，禄在其中矣。子夏……子张，子张曰：子夏曰何？对曰：子夏曰：可者与之，不可者距之。子张曰：异乎吾所闻。君子尊贤而……不能。我之大贤与，于人何不容？我之不贤与？人将距我，若之何其距人也？……

图 10　堂驺子羽和子夏像

■ 图史自鉴

  镜匣背面、衣镜赋屏风背面孔子及弟子的生平事迹与《论语》《孔子家语》中的相关记载基本一致，只有部分内容略有出入，表明衣镜的文本系作者按照自己的理解从《孔子家语》《论语》中节选出与该人物相关的部分文句。刘贺墓中出土了一版《论语》书钞木牍，摘抄了《论语》的《子罕篇》《庸也篇》《子路篇》中的文句（图12），其中《子路篇》"知人其舍诸"之句，内容和用字与同墓所出的《论语》竹简相同，同样的情况也见于衣镜子夏题记"言而有信虽曰未学吾必胃之学矣"之句，为我们了解西汉时期《论语》的传习提供了一个很好的视角。孔子儒雅、内敛、谦恭，以布衣形象示人，是历来为人所知的圣人形象，画像神态庄重、安详，面容神采奕奕，整个人物画像给人一种庄严神圣的感觉。孔子弟子形象极具个性，他们各有成就但都

图 11　《衣镜赋》屏风局部

崇拜孔子。孔子及其弟子形象刻画生动，不像《孔子礼老子图》固定而刻板（图13）。漆衣镜上人物的呈现以肖像画的形式表现，线条简练，人物写实，比较同时期的绘画，如各种墓葬壁画或马王堆汉墓帛画，风格不同，而且技艺也十分高超，可能是专业画师所绘。

在屏风上书写文字格言，作为箴戒教育的工具，两者合流，就有了将古人的形象和事迹写于屏风之上，以便时时提醒观赏者的情形，人物像、传一体的屏风制作于是出现。羊胜所谓"画以古烈，颙颙昂昂"是也。西汉以来流行列女传屏风，刘向《七略别录》记载刘向、刘歆父子将"所校《列女传》种类相从为七篇，以著祸福荣辱之效，是非得失之分，画之于屏风四堵"。这是文献中关于人物像传和列女像传屏风的最早记载。

刘贺墓主椁室分东西两室，东室放棺椁，其功能相当于"寝"（即卧室）；西室摆榻，功能相当于"堂"（即厅堂），会客时主人坐在榻上，客人席地而坐。衣镜置于侧旁，主人可以坐在榻上照镜子、正衣冠；同时立起来的衣镜还能起到屏风的作用；人们还可以到衣镜背面观赏

图12 《论语》书钞木牍

孔子及其弟子画传，临观其意，图史自鉴。

汉代漆器除了以红色与黑色为主外，还发展到了多彩，用红、黑、黄、白、褐、绿、金、银等绘画，使之更加华丽，马王堆三号墓遣册称此类漆器为五彩。彩绘方法大多兼用油彩绘和漆彩绘，油彩绘即用朱砂等颜料调和桐油绘于已髹漆的器物上，有两种富有时代特色的创新工艺：一是用漆枪挤出白色凸起线条勾边，再以其他颜色勾勒纹饰；二是富有立体感的堆漆。漆彩绘是用颜料调和漆，再绘于器物上。孔子画像和其他人物画像都是在红色的漆地上，以白色漆勾画轮廓，线条流畅有力，再用黄、灰、褐等漆料填绘，属于五彩漆器。孔子徒人图漆衣镜作为西汉漆器的典型代表，主要是运用形、色、质等造型手法呈现画面中的艺术形象，所展现出来的不仅仅是漆器造型的形式美和工艺美，更多的是所传递出的文化内涵，它是当时独尊儒术社会思潮的体现。

孔子徒人图漆衣镜所绘孔子像是迄今为止发现最早的孔子像，也是唯一的一份早期孔子肖像。在刘贺墓衣镜出土前，考古发现的早期孔子形象见于壁画墓和画像石，题材主要是"孔子礼老子"，时代皆为西汉晚期及之后。孔子像对绘画史和工艺史研究，具有极其重要的文物价值和文献价值，对孔子和儒学研究，对西汉中期的历史、政治、思想等各个方面研究都提供了重要的素材。

图 13　东汉《孔子礼老子图》画像石

《论语》竹简

邹鲁儒风　典册重光

尺　　寸：长约 23、宽 0.8 厘米
质　　地：竹
出土位置：刘贺墓西藏椁 由漆笥装盛

刘贺墓西藏椁 5 个漆笥中发现 5259
枚竹简，经过专家初步释读，主要包括《诗
经》《论语》《春秋》《礼记》《孝经》《六
博》《易占》等多部典籍，另有 500 余枚
竹简与昌邑王国、海昏侯国的行政事务和
礼仪等有关，按照出土文献定名通则，可
以称之为海昏简（图 1、2）。

【释文】三月日脁亦弗食也
起智道廿一

背　　正

图 1　海昏《论语》简《智道》

【释文】智道

孔子智道之易也易易云者三日子曰此道之美也莫之御也

【释文】后军问于巫马子期曰见其生不食其死谓君子耶曰非也人

【释文】心也后军曰脂也不与焉巫马子宽曰弗思也后军退而思之

■ 失佚千年典籍再问世

海昏侯墓出土《论语》简 500 余枚，三道编绳，简背有斜向划痕。每简容 24 字，每章另起，未见分章符号。通篇抄写严整，不用重文、合文符号，也未见句读钩识。书风总体庄重典雅，但不同篇章之间存在变化，似非出自同一书手。各篇首简凡保存较为完整者，背面皆有篇题，目前可见《雍也》《子路》《尧》（即今本《尧曰》）和《智道》，均是在背面靠近上端的位置刮去一段竹青后题写，由此推测，海昏简《论语》原来是每篇独立成卷。海昏简因保存状况不佳，目前可释读的文字约为今本《论语》的三分之一，现存文字较多的篇章有《雍也》《公冶长》《先进》《子路》《宪问》等。

海昏简《论语》与宋以后的通行本之间存在一些差异，用字习惯亦不尽同，如今本的"知"字在此本中皆作"智"，"政"皆作"正"，"能"皆作"耐"，"尔"作"壐"，"室"皆作"窒"，"旧"皆作"臼"；今本中表示反问的"焉"，此本皆作"安"，读为"欤"的"与"皆作"耶"。此外，今本的"如"在此本多作"若"，"佞"多作"年"。表明此本的用字经过有意识整理，似与今本《论语》及其源头鲁《论语》属于不同的系统。

最引人注目的是，书中保存有《智道》篇题、"起智道廿一"题记以及一些不见于今本的简文，说明此本最少有廿一篇，比今传本多出《智道》篇，与《汉书·艺文志》著录的齐《论语》特征接近。这一重大发现，对于我们全面、准确地认识儒家思想及其演进，深入研究西汉思想史，具有重要意义。

图 2　海昏简出土情况

西汉《论语》分三家

据《汉书·艺文志》，汉代《论语》分齐、鲁、古文三家，各本在文字、篇章上存在差异，各《论语》之间，尤其是齐、鲁《论语》之间并非完全隔阂，而是相互参验，只不过以某家为主时，要加以清楚的标示而已。古《论语》即孔壁之书，凡二十一篇，有两《子张》篇，篇次与齐《论语》、鲁《论语》不同。齐《论语》为齐人之学，凡二十二篇，多《问玉》《知道》两篇，其余二十篇，内容也比鲁《论语》多。鲁《论语》为鲁人之学，凡二十篇，即现行《论语》所据之本。鲁《论语》为较原始版本，齐《论语》是《论语》原本传入齐地以后出现的增补本。至西汉元、成时期，张禹以鲁《论语》为本，统合齐《论语》、鲁《论语》，建构了所谓的"张侯本"，并成为后世传本的源头。张侯《论语》盛行至东汉，郑玄又结合古《论语》，对文本做了统一整理，在此基础上，魏晋时期何晏撰作集解，不仅形成了今传本的规模，也使得此前各文本的差异在整合中逐渐消弭。

西汉时期传齐《论语》者，有昌邑中尉王吉、少府宋畸、琅邪王卿、御史大夫贡禹、尚书令五鹿充宗、胶东庸生等人，诸多传人中，王吉的时代最早、影响最广、名声最大、事迹最清楚，也只有王吉与刘贺有着长久、稳定、密切的联系。王吉字子阳，琅琊皋虞人也。少好学明经，以郡吏举孝廉为郎，补若卢右丞，迁云阳令。举贤良为昌邑中尉。王吉兼通五经，能传邹氏《春秋》，以《诗经》《论语》传授弟子，喜欢梁丘贺说《易》。

传授鲁《论语》者有常山都尉龚奋、长信少府夏侯胜、丞相韦贤、鲁扶卿、前将军萧望之、安昌侯张禹，皆名家，张氏最后而行于世。张禹最初师从夏侯建学习鲁《论语》，后来转而师从王吉、庸生学习齐《论语》，所以才能以鲁《论语》为主且折中二本，择善而从，编成定本。由此可知，张禹所学齐《论语》也是出自当时唯一以此学名家的王吉，刘贺受学于王吉的齐《论语》，应与张禹从王吉那里学习的齐《论语》接近。这也就意味着海昏简齐《论语》，应与张禹编定《论语》时所依据的齐《论语》接近，其文献学价值之大，不言而喻。

■ 海昏《论语》简是权威版本

汉代使用竹木简牍和缣帛作为书写材料，书籍的形态有简牍和帛书两种，因缣帛材料珍贵，竹木材料易取，书写方便，故以简牍最为常见。"简"是经过加工的细竹条，细木条称为"札"或"觚"，较宽的木板称为"牍"。竹简材料，在古代史籍中记载较多；北方地区因缺少竹子，以木简较为普遍。竹简在书写前需杀青，经修整加工过的汉简一般长约 23 厘米（相当于汉尺一尺）；用于记录法律的简最长，可达三尺，故称为"三尺法"或"三尺律令"。自汉代以后，简与牍的区分仅指形制上的差异而非质材上的不同。迄今为止出土的汉简，无论公文文书还是书籍，以汉尺一尺长的简牍最为常见，海昏侯墓出土木牍均为一尺长，儒学典籍类竹简保存完整者绝大多数也为一尺长。

竹简发现的历史源远流长。根据文献记载，最早可以追溯至 2000 多年前西汉景帝末年，从孔子故宅壁中发现战国竹简，得古文《尚书》及《礼记》《论语》《孝经》凡数十篇。此后历史上多次发现竹简，比如晋武帝太康二年（281 年）发现后人称之为《汲冢书》的简牍。20 世纪以来，随着科学考古事业的发展，竹简新发现不断，汉简在其中占很大比重，出土地点涉及全国多个省份，其中比较著名的有敦煌汉简、居延汉简、武威汉简、马王堆汉简、银雀山汉简、张家山汉简、尹湾汉简、额济纳汉简等。

与出土文献较多的西汉时期重要墓葬相比较，刘贺墓既不同于西汉初年的马王堆汉墓多出黄老和《易经》类著作，湖南沅陵虎溪山、湖北江陵张家山汉墓多出行政、司法文书，也不同于西汉中期的山东临沂银雀山汉墓多出兵书；和它最为相近的，是同时期的河北中山怀王刘修墓，出土了《论语》《儒家者言》《礼记》等大量儒家典籍（学术界称之为定州简）。这种变化既与西汉中期以来王朝独尊儒术有关，也与朝廷加强对诸侯王的限制有关。

刘修墓出土的《论语》简已受到了学界的关注，而同为宣帝时代，且在时间点上稍早一些的刘贺墓再次出土同类文献，可以由此获得深入研究的资料。定州简以鲁《论语》为底本，是比张侯《论语》更早的融合本。它与汉末的熹平石经本同源，海昏简则偏于齐《论语》，此前从无完整文本出土，在比勘与研究中，其意义显得更为重要。

【释文】孔子知道之易也易易云者三曰子曰此道之美也

【释文】之子曰举尔（尔）所知翌（尔）所不知人其舍诸

【释文】何如对曰非曰耐（能）之也愿学焉宗庙之事若（如）会同端章父（甫）愿为

【释文】言而有信虽曰未学吾必谓之学

图3　金关《论语》木简
图5　海昏《论语》简《先进》
图4　海昏《论语》简《子路》
图6　海昏《论语》简《学而》

齐《论语》简另一次重要发现是肩水金关《论语》简（图3）。在肩水金关有来自齐地的官吏与戍卒，不远万里将其带到西北地区，进行学习与传诵，金关汉简中有一类为戍边吏习字简，齐《论语》简应是由他们自齐地带来或就地默写而成的。

　　海昏《论语》简是权威版本的齐《论语》，是经过科学考古发掘所得出土文献，内容真实可靠，对于我们审视其他似为齐《论语》的出土文献有着重要的参考价值。齐《论语》的重要传人昌邑中尉王吉，他任职于昌邑王国，有充足的时间与亲近的关系将齐《论语》传授给刘贺。因此笔者认为，海昏《论语》简当传承自昌邑中尉王吉，是齐《论语》的一个代表性传本。海昏《论语》简不仅在于文本来源的权威性上，而且还可以借此深入了解后世《论语》文本形成过程中对齐《论语》取舍的细节。今本《论语》形成过程中最重要的基础，是上文提到的成帝时人张禹编定、后经东汉郑玄刊改的文本。张禹所学齐《论语》也是出自王吉，张禹编定《论语》时所依据的齐《论语》，与刘贺墓出土的齐《论语》有共同的渊源。

　　刘贺墓是迄今所见殉葬《论语》抄本最早的墓葬，海昏《论语》简代表了《论语》的早期面貌，具有重要的版本学价值。此前业已公布的距今最早的《论语》抄本出土于中山怀王刘修墓。刘贺死于汉宣帝神爵三年（公元前59年），刘修死于汉宣帝五凤三年（公元前55年），刘贺的卒年较中山怀王刘修早4年。刘贺墓出土《论语》简为其殉葬书籍，抄写年代必不晚于是年。海昏简《论语》传承自昌邑中尉王吉，其抄写的年代最有可能为王吉担任昌邑中尉时期。史书虽未明载王吉履任昌邑中尉的年份，但不会早于刘贺嗣位昌邑王的年份。刘贺于汉武帝后元二年（公元前87年）嗣昌邑王位，故海昏简《论语》的抄写年代最有可能为是年前后。

　　海昏简《论语》体现了汉代儒学的整体发展，其中《智道》篇首章的前半部分隐含于《礼记·乡饮酒义》，后半部分隐含于《孔子家语·颜回》，对重新审视汉代儒学作品与先秦儒家典籍的关系具有很大意义。其出土于江西南昌，传承于汉武帝"罢黜百家"之后，体现了汉代"独尊儒术"后儒学的传播与发展情况。

　　齐《论语》失传于汉末魏晋，距今约1800年。海昏简《论语》使我们得以一观齐《论语》原貌，在经学研究方面具有重大价值。关于齐《论语》的经文与经义是历代经学家争论千年的问题，这些争论建立在推论甚至臆测的基础上，没有实物证据。只有考古，能以出土文物来证史，海昏简的发现表明，齐《论语》尚在人间（图4～6）。

■ 《论语》在西汉的地位

《论语》一书由孔子弟子及再传弟子集体编纂而成，反映了孔门弟子对孔子思想的理解，体现了早期儒家的价值观，在儒家各派中占有权威地位。从《论语》的内容看，孔门弟子在辑录时，侧重于孔子关于仁、礼即孔子人生理想和社会变革的言论。在《论语》编纂者看来，孔子虽对《诗》《书》《礼》《乐》等进行了编定、整理，将其作为教学的重要内容，但孔子并非仅仅注重典籍和知识的传授，而是执着于人生理想，创立自己的学说，为社会确立信心和希望。孔子是作为"传道者"的形象被记入《论语》中的。

西汉以前，孔子及其创立的儒家学说，不过是诸子百家中的一家，在春秋之后三百多年间虽然产生了很大影响，但并没有占据思想文化的统治地位。西汉前期在政治上偏重黄老、刑名之学，在文化上对诸子百家采取宽容政策，《论语》受到重视，文帝时一度设立博士。到汉武帝时期，汉帝国具有放眼世界的广阔视野，面对风云激荡的世界，汉代人充斥着建功立业的万丈豪情，展现出积极进取、乐观向上的时代精神，随着国家疆域的开拓、经济繁荣、民族融合，急需统一的思想文化来弥合社会共识以巩固中央集权。汉武帝吸取了秦始皇"焚书坑儒"的教训，采纳董仲舒"罢黜百家，独尊儒术"的建议，确立了儒家思想的正统地位。汉武帝大力推行"独尊儒术"国策，除了祭孔、拜谒孔庙，任命一批儒家学者为丞相、太尉等高官以外，还在建元五年（公元前 136 年），罢黜原有的诸子传记博士和信奉黄老之学的官员，规定儒家的《诗》《书》《礼》《易》《春秋》为五经，在朝中设五经博士，专门研究这些经典著作，并教授弟子，以备资政（图 7、8）。因此，儒家经学以外的百家之学失去了官学中的合法地位，五经博士成为独占官学的权威，天下学子都要把这些儒家经典作为教科书来学习，从而结束了先秦以来思想文化领域"师异道、人异论、百家殊方"的混乱局面。五经博士的设置使通晓儒家经典成为做官食禄的敲门砖，这就使儒学的传习与政权、经学和利禄之途密切相连。刘贺时期，昌邑王国的长吏王式、王吉、龚遂等人，均是当世名儒，因学问突出得已进入官吏阶层。

在倡导经学的汉武帝时代，《论语》虽未列入五经，但却高过其他儒家及诸子，名列汉代显学，是学经的基础，传习很广，是汉代皇室及士人的必读书，并且其地位已渐有升格之势。《论语》等诸子著作往往被看作五经的传记，具有辅翼五经的作用。比如董仲舒虽然推崇五经但对《论语》的地位也有所肯定，他在其《天人三策》及所著《春秋繁露》中，常常引用《论语》的言论阐发、申明五经大义。五经是圣人孔子天地、善恶、吉凶思想的集中体现，而《论语》《孝经》则是孔子平时"言行之要"，同样起着辅翼五经的作用。所以汉代学者往往先习《论语》《孝经》，然后兼通一经或数经，将《论语》《孝经》看作通达五经的阶梯。汉武帝以后，尊崇五经，兼容诸子，设置五经七家博士，至宣帝时更是增置五经十二家博士。在皇室子弟的培养过程中，儒家典籍成为教授的核心内容。比如，广川王刘去"师受

【释文】六年春王正月夏公会齐侯宋公

【释文】晨下建上无『亡』者非其事而至者象西方饺东方十庚戌上经廿五中秋鼠吉春凶

晨下灬上复『者反也象西方七饺东方八辛酉上经廿四孟秋毋隻吉正月二月凶

图7 《春秋经·公羊传》简　　　图8 《易占》简

《易》《论语》《孝经》皆通，好文辞、方技、博弈、倡优"。汉宣帝刘询"年十八，师受《诗》《论语》《孝经》，操行节俭，慈仁爱人"。汉武帝给第一代昌邑王刘髆安排的老师夏侯始昌，是继董仲舒之后最为著名的大儒，兼通五经，更是《尚书》《齐诗》两经宗师。第二代昌邑王刘贺时期，昌邑王国的官员队伍中，多数是修身严谨的贤人君子，太傅王式，以《鲁诗》名家；中尉王吉是齐《论语》的权威，因此，刘贺墓出土的《诗》，应该出自《鲁诗》大家王式，齐《论语》应该出自当时的齐《论语》宗师王吉，这对于我们清晰、准确认识《鲁诗》、齐《论语》的面貌，具有非同寻常的意义。据朱凤瀚先生初步整理，他认为海昏《诗》简与《毛诗》在音义、用字上有明显差异，与《鲁诗》较为接近，编数也相同。

刘向、刘歆父子整理并著录群书的《别录》《七略》，班固的《汉书·艺文志》，都将《论语》著录于"六艺"，可见《论语》在汉代经学、子学分类中的突出地位。王国维先生认为"汉人受书次第，首小学，次《孝经》《论语》，次一经""汉时但有受《论语》《孝经》、小学而不受一经者，无受一经而不先受《论语》《孝经》者。"

■ 儒风南传

除齐《论语》外，海昏简中还有《诗经》《礼记》《孝经》等儒家经传（图9～12）。这表明汉代分封的诸侯王国，不仅是一个行政管理区划，还具有一定的文化传播功能。儒家思想是中国传统文化的核心思想，《论语》是儒家最重要的经典，可以说，《论语》的传抄过程，就代表了正统儒家文化在全国范围内的传播过程。齐《论语》简在河北、甘肃、江西这么大的地域范围出土，从一个侧面反映了汉代儒家代表作《论语》传播的状况以及各地文化交流的状况。海昏简出土于江西地区，代表了汉代儒家思想在长江以南地区的传播情况。从这一点来看，至迟在公元元年以前，汉政府对南方进行的有效治理不仅包括行政管理，还包含思想文化的统治。

海昏简是出土文献的一次重大发现，其中《鲁诗》、齐《论语》有较明确的师承来源，对于研究儒家学说及其经典的传布、演变有极高的学术价值，历代学者争论不休的一些疑难问题由此可望解决或得到新的启示，从而促进有关学术研究的深入，是了解西汉昭帝、宣帝时期思想文化的珍贵资料，同时也为汉代诸侯王教育、文学修养以及思想信仰等方面的研究提供了一个新视角。目前海昏简还在保护整理阶段，相信假以时日，这批竹简作为出土文献的重要组成部分，必将与传世文献相互印证、补充，为我们提供更加真实、可靠的史料。

图9 《诗经》简

【释文】争臣五人虽无道不失其国故社稷不危大夫有争臣三人虽

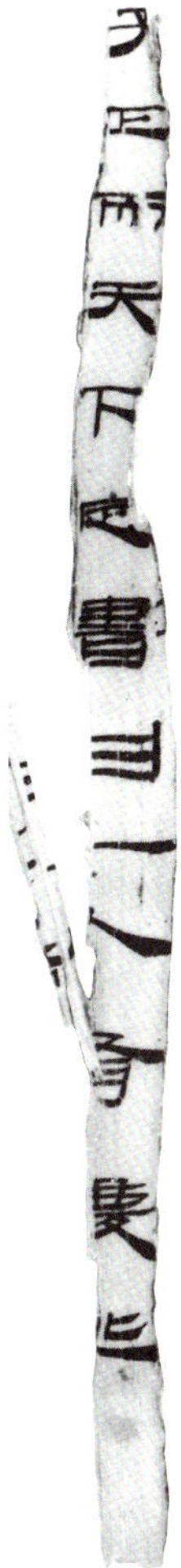

【释文】子正而天下定书曰一人有庆兆

【释文】其乐敬其所尊爱其所亲故事死如事生

图10 《孝经》简　　　图11 《大戴礼记·保傅》简　　　图12 《礼记·曲礼》简

肆 ── 闲情雅好

西周「子畯」凤鸟纹提梁青铜卣

圆雕琥珀虎

熊形石嵌饰

俳优俑青铜镇

西周"子畯"凤鸟纹提梁青铜卣

商周遗宝　王侯雅玩

尺　　寸：通高 38.2、口长径 12.8、口短径 10.2、腹长径 29.1、腹短径 23.7 厘米
时　　代：西周
质　　地：青铜
出土位置：刘贺墓北藏椁东北部

　　"子畯"凤鸟纹青铜提梁卣（下文简称为"子畯"卣）（图 1、2），器盖和提梁器身两部分构成，以子母口形式套接。盖作深母口式，弧顶，盖缘方折，器身为子口微敛；颈部附一对环形耳，两耳套接一"几"字形宽带状提梁，饰一身双首合体夔龙纹，提梁两端有圆雕兽首，双目突起，双角作鸭掌状，较为醒目；垂腹，近底处外鼓，腹部平剖面呈椭圆形，高圈足，平底，圈足切边，接地处起高台。盖面、器身被 4 道高扉棱平分为 4 个装饰面，盖面中部有六瓣花蕾状纽，分饰蝉纹，盖面饰 4 组花冠凤鸟纹，盖缘饰长尾鸟，盖缘两侧有犄角状凸起；肩部饰 4 组勾喙下卷尾夔龙纹，腹部饰 4 组花冠凤鸟纹；圈足饰 4 组一身双首合体夔龙纹，一首作俯视展开状，另一首作侧视状，较为奇特；盖、底内壁均铸有铭文"子畯父乙"（图 3）。器形宏伟庄重，铸造技术精湛，整器以云雷纹为地纹，在地纹上饰以浅浮雕图案，再以阴线刻方式进行细部刻划，层次分明、立体感极强，繁褥富丽，带有典型的殷墟青铜器"三层花"装饰风格，是一件难得的艺术珍品。

图 1　西周 "子畯" 凤鸟纹提梁青铜卣

图2 "子畯"卣出土场景　　　　　　　　图3 "子畯"卣铭文

■ 商周青铜器纹饰

夏代和商代早期，处于青铜业的初创阶段，青铜器一般显得比较粗糙，器壁较薄，不便铸造华丽的花纹。夏代青铜器，绝大多数光素无纹，仅在个别器物上饰以弦纹、乳丁纹和网格纹之类简单纹饰。商代早期的青铜器上往往有比较简单的纹饰，装饰手法一般，给人以单调、朴实无华的感觉。商代中期，青铜器铸造技术有所提高，器壁明显增厚，为装饰工艺的进步提供了载体。纹饰构图由条带状分布演变为通体满花，显得繁缛、密集；纹饰表现由平面线刻逐渐过渡到浮雕，立体感更强。商代前期出现的兽面纹广泛流行，用粗犷夸张或细密的线条勾绘鼻、目、角、口等，组成一种正视的兽面，两边还有展开的体躯，最外端则为卷曲的尾部，左右对称，上下协调，基本特点是目部微鼓，尾作鱼尾或上卷尾，身躯作宽体粗线或窄体细线式（图4）。

图4　商代中期三足提梁青铜卣

商代晚期，是青铜器铸造业的大发展时期，品类丰富，器形多变，器壁加厚，铸工精良，纹饰发达。青铜器注重装饰，有时一件器物上装饰几种乃至十几种花纹，器物通体饰花纹的现象常见。满花器物，器形与花纹有机结合，主纹与地纹之间巧妙搭配，显得富丽堂皇。流行的纹样有神话类的兽面纹、龙纹、凤鸟纹，写实类的牛、象、虎、鹿、蝉等动物纹，斜方格乳丁纹、直条纹、勾连云纹、三角云纹、四瓣目纹等几何纹。兽面纹发达，表现手法有线刻、浮雕、圆雕等多种；构图多变，以细线云雷纹为地纹，主纹突出于地纹之上形成的所谓"二层花"极为常见，还有相当一部分，又在主纹之上再刻阴线纹，形成"三层花"（图5）。

　　西周早期，青铜器基本上是沿用晚商的形制和花纹，有乳丁纹、涡纹、兽面纹等，亦有所变化。兽面纹作外端尖、内端圆的大牛角形，图案分布作三层，身躯变形，有首无身的简省形兽面纹最为流行。新出团龙纹、顾龙纹（图6）、大鸟纹等纹样。在装饰手法上，器壁、边棱、足跟等处均饰歧齿形高扉棱，提梁两端与器耳、錾部等处饰长角兽首。此期纹饰总体风格是粗犷、简练。西周中期，青铜器的造型设计和装饰工艺发生了革命性的变化，构图方式由对称式变为连续式，满花变为简洁的条

图5　商代晚期立鹿耳青铜甗

带状花，纹饰特点表现为是商代流传下来的乳丁纹、涡纹、蝉纹、雷纹等传统纹样消失，兽面纹少见，且多无云雷纹作地纹，向构图简单、线条粗疏方向发展，肖形的动物图案向抽象的几何图案演变，开始出现真正意义上的具有周王朝特征的新纹样。西周早期产生的凤鸟纹、大鸟纹继续发展，在本期达于极盛。那种体态丰满，花冠华丽且下垂的凤鸟纹往往对称排列，作为主纹饰于簋、卣之类器物的腹部，成为穆、共王时期铜器断代的重要依据（图 7）。西周晚期，青铜器注重铭文，忽视纹饰，种类明显减少，构图朴实浑厚，简洁疏朗，刻划有力。传统的兽面纹、写实的动物纹基本消失，大鸟纹少见。中期开始出现的窃曲纹、环带纹、水波纹、瓦纹广泛应用，成为主流纹饰，完成了由神秘的兽面纹向简洁的几何纹过渡，以饰于口沿的简单纹饰带取代以前的满花装饰手法，表现出朴素、简洁的风格。

图 6　西周早期顾龙纹
图 7　西周中期垂冠凤鸟纹青铜卣

■ 商周金文

从现有材料来看，商代的甲骨文是我国目前所见最为完整、系统的成熟文字。铸刻在铜器上的文字称"铭文""金文""钟鼎文"，产生于商代早期，盛行于西周，东周以前为铸铭，西周晚期开始出现刻铭工艺。商代青铜器的装饰，注重纹饰，不重铭文。铭文一般铸在器物不显眼的部位，如爵、斝的鋬内侧，尊、觚的外底，鼎、甗的内壁，簋、卣的腹部等不易觉察之处，商代中期每器一般只有一、二字，多者四、五字，商代晚期，一般为一字至十几字不等，二、三十字以上的长铭少见，未有超过五十字者。

铭文的内容也比较简单，主要说明铸作礼器祭祀先祖先父，目的在于标识作器者的族氏或受祭先祖，族徽外往往加一"亚"形框，日名为父甲、妣丙之类格式，是殷人特有的礼制，具有鲜明的时代特征（图8）。商人纪年方式格式为某日某祀某月。铭文字形近于同期甲骨文，表人体、动物、植物、器物的字，以象形字居多，如人头部作圆点形，腿部作跪状。字体呈长方形，字大笔粗，笔画多露锋，中间用肥笔，首尾出锋，称"波磔体"，显得端庄工整。在铭文布局上，文字大小不一，竖不成列，横不成行，显得比较散乱，金文草创期特征明显。

西周金文，铸在容器内底、鬲的口沿，钟的钲部、铣部、鼓部。读法从右向左，偶见从左向右者，鬲口沿的铭文按顺时针方向分布（图9）。西周时期，青铜器铸造技术有了明显提高，金文铸造技术也更为娴熟。西周沿袭了商末铸器记事的习惯，成为一种制度，因而西周时期是金文的大发展时期，无论是铭文的性质、内容、形式、数量，还是书体风格，都较商代有了很大的变化。在青铜器上铸造长篇铭文是西周青铜器的一大特色，铭纹成为宣扬祖先功烈和自身业绩、借以传之后世的文告。铭文的内容非常广泛，大都以王室和王官的活动为主。西周早期的文、武王时期，金文的字体、布局、风格、内容、纪年方式等基本上与晚商相同，有相当一部分是商遗民的作品。

鋬（pàn）：
器物的把手。

斝（jiǎ）：
酒器。圆口，口上有两柱，三足。

觚（gū）：
酒器。长身，喇叭口，圈足。

觯（zhì）：
饮酒器。一般带盖，圆腹，圈足。

觥（gōng）：
盛酒器。常见造型为兽形，流部即为兽的颈部，可用作倒酒。

尊：
盛酒器。一般为圆形，敞口。偶见方尊。

彝（yí）：
盛酒器。一般为长方体。带盖，有些附带勺。

甗（yǎn）：
蒸食器。上部为盛食器"甑（zèng）"，甑底为让蒸汽通过的"箅"，下部为盛水的"鬲（lì）"，鬲足间可烧火加热。

簋（guǐ）：
盛食器。一般用于盛放食物。圆口，圆腹，两耳或四耳，圈足。

"子畯"卣铭纹"子畯父乙""子畯"是私名或族氏名，"父乙"是商人特有的日名制度，因此此卣铭文字体、格式、布局体现的是商人的传统。

商周青铜卣

　　中国青铜器，数量众多，制作精湛，造型丰富，纹饰精美，有酒器、食器、水器、乐器、兵器、工具、车马器、生活用具、货币、玺印、造像等，仅酒器就可分为卣、爵、觚、角、尊、壶、罍、觯、禁等 20 多种。酒器卣始于商代，流行于晚商，西周晚期以后少见。卣依提梁分为有提梁与无提梁；依腹部形态分，有方形、筒形、圆形和肖形数种；依足部形态分，有三足、圈足和方座三种，"子畯"卣属圆形圈足提梁卣。商代青铜卣，作短颈、圆腹或方腹、高圈足式，瓜蒂纽盖，多数有兽首提梁，最大腹径在中腹（图 10）。西周青铜卣，长颈，腹扁圆近椭方，最大腹径下移，呈垂腹状，近底处外

图 9　西周应监甗铭文

图 8　商代族徽铭文
图 10　商代晚期兽面纹提梁方腹青铜卣

鼓，圈足，提梁两端出兽首，多数有盖，盖侧生"犄角"，盖纽作圈足状把手。有铭文者，往往器、盖对铭。

"子畯"卣横截面呈椭圆形，直口弧壁，瘦身垂腹，形态介于壶形卣和罐形卣之间，与之相类似的卣主要有：1976年陕西扶风庄白青铜器窖藏出土的"商"卣，1991年河南安阳殷墟郭家庄160号墓出土的"亚址"卣，2013年陕西宝鸡石鼓山西周墓地3号墓出土的"户"卣。这几件卣形制相近，共同特征为：子口较直，颈部微束，腹部圆鼓俯垂，圈足接地处起高台；盖顶中央有六瓣花蕾状纽，饰蝉纹；宽扁的提梁，提梁外侧饰4组合体龙纹；盖面与器身两侧及中线处贯穿4道高扉棱；提梁置于正背面，与殷墟第三、四期流行的提梁位于腹之两侧的罐式提梁卣明显不同。这类卣的年代相近，郭家庄160号墓的时代为殷墟文化第三期偏晚阶段，即商王文丁前后，石鼓山3号墓的时代为商末周初。"子畯"卣的年代大致与之相近。

花蕾状纽从殷墟三期开始出现，一直延续到西周早期武王、成王时期（图11），此后多见圈状捉手。提梁卣提梁两端的掌状角兽首最早见于郭家庄160号墓出土的"亚址"方尊，在殷墟孝民屯东南地铸铜遗址出土的陶范中有此类风格的器物包括垂耳簋、直棱乳丁纹簋、多齿冠凤鸟纹卣、直棱夔龙纹器座范等，因此，掌状角应是在殷墟晚期首先应用于兽首上，在商周之际才作为鸟纹或龙纹的角冠，并做了适应性改变，主要流行于西周早期。盖沿所饰小鸟纹流行于商代晚期至西周初期（图12）。颈部所饰夔龙纹（图13）见于岐山贺家村出土的提梁卣、石鼓山3号墓出土的"户"方彝和戴家湾出土的方彝。卣盖面和腹部的花冠凤鸟纹最富特色，凤鸟体较长，圆睛钩喙，羽冠较长，状如飘带，尾羽长而尾尖下垂，末端分叉，其特异之处在于羽冠、尾羽和鸟身上的羽毛呈倒刺状（图14）。考古发现表明，此式凤鸟纹未见于殷墟地区，仅见于宝鸡地区的青铜器，在戴家湾铜器群中非常流行，在凤纹方鼎、凤纹方座簋、文父丁觥上均有装饰，体现了新的时代风尚，应是西周时期才出现的纹样，主要流行于西周初期的宝鸡地区，具有明显的时代与地域特征。圈足所饰合体双首龙纹较为少见（图15），与西周早期匽侯盂、折尊、折觥、折方彝大体相似。

"子畯"卣是商代晚期至西周初期流行的器种，提梁是商文化的，日名"父乙"是商人的传统，主体纹饰凤鸟纹却是周人特有的长冠凤鸟纹，因此从形制、纹饰、铭文和铸造工艺等方面综合分析，此卣应为西周初年殷遗民所铸造，是商文化与周文化相互交融的产物。相对于西汉海昏侯刘贺墓而言，应为当时的传世器或收藏品，说明刘贺有博古通今的雅好。

图 11 "子畯" 卣盖纽纹饰
图 12 "子畯" 卣盖沿纹饰
图 13 "子畯" 卣颈部纹饰

图 14 "子畯"卣腹部纹饰

图 15 "子畯"卣圈足纹饰

■ 西汉的古董收藏风

武帝时期，经过汉初至文景时期 60 多年的休养生息，社会经济快速发展，积累了大量社会财富。从考古发现来看，西汉中期以后的墓葬不仅随葬品数量大增，而且还出现了包括金缕玉衣、黄金货币、金银制品以及海外传入的奇珍异宝等奢侈品，与此前的简朴之风形成鲜明对比。财富的积累为古董收藏和鉴赏奠定了经济基础，这便是西汉中期以后的汉墓中屡次出土商周青铜器的原因。

西汉中晚期高等级贵族墓葬中时有商周古物出土，比如，江西南昌老福山西汉中晚期木椁墓出土商代晚期兽面纹青铜瓿和战国青铜剑各 1 件；安徽巢湖放王岗西汉中晚期墓出土西周早期青铜鼎和战国青铜剑各 1 件；陕西西安东郊红旗公社三店村西汉中晚期王许墓出土 4 件西周晚期"录"簋和 1 件东周蟠螭纹青铜纽钟；河北满城中山靖王刘胜夫妇墓出土战国青铜剑、蟠螭蕉叶纹提链青铜壶各 1 件，等等，说明当时在贵族阶层已形成私人收藏古玩之风。刘贺墓出土的商周古董在众多西汉贵族墓中尤其突出，除前述"子畯"卣外，还有战国青铜剑 2 件，战国蟠虺纹十二棱青铜缶（图 16）、战国蟠虺纹青铜缶、战国蟠虺纹铺首衔环青铜壶（图 17）、战国白玉舞人饰（图 18）、战国素面青白玉剑璏、战国勾连乳丁纹白玉剑璏、战国谷纹白玉勒（图 19）各 1 件等。

据文献记载，西汉时期已有商周青铜器出土。《汉书·武帝纪》记载，武帝元鼎元年（公元前 116 年）五月，汾水出古鼎，汉武帝将其作为一件大喜事，大赦天下并允许全国聚会宴饮 5 天。当时朝廷担心因酒废政而实行酒禁，一般只有皇帝登基、立太子等大喜事才会特许全国聚会宴饮。为了纪念获鼎这件事，汉武帝还把此事视作他统治时期第五个纪元的天瑞。在中国历史上，秦始皇首创"皇帝"名号，汉武帝则首创年号纪年制度。汉武帝时期，每隔 6 年就要换一次纪年，称 元、二元、三元、四元、五元等，以元年、二年、三年、四年、五年、六年的形式，往复循环，周而复始，当旧元已更，新元启用之后，称谓已经过去的年代，就分别称为一元某年、二元某年，依此类推。因为武帝长寿，在位时间长，长此以往，这些以序数表述的纪元，很容易产生混淆，对处理文书档案以及相关行政事务，极为不便，若是分别给每个纪元确定一个专门的名称，自然就会容易区分。到了武帝第七个纪元，即太初元年（公元前 104 年），汉武帝改革历法，创立年号，并对他继位以来至太

图 16　战国蟠虺纹十二棱青铜缶

图 17　战国蟠虺纹铺首衔环青铜壶

初元年以前 6 个纪元，以该纪元中重大事件作为追记年号的依据，第五个纪元单元就选定得宝鼎一事作天瑞，追记年号为元鼎，在汾水发现宝鼎之年为元鼎元年。元鼎四年（公元前 113 年），发生了汾阴后土祠旁出古鼎、敦煌渥洼水中出野马两大异事，武帝随即命人作《宝鼎之歌》《天马之歌》，称颂宝鼎和天马这两大祥瑞。

《史记·孝武本纪》《史记·封禅书》和《汉书·郊祀志》等文献中还有关于当时古董鉴定的记载。西汉宣帝神爵四年（公元前 58 年），在今陕西扶风美阳出土古鼎 1 件，进献到朝廷，汉宣帝命令大臣讨论此事。大多数人认为应比照武帝得宝鼎藏于宫廷的做法，把此鼎供奉到宗庙里。当时的古物鉴赏名家京兆尹（京城长安地区的最高长官）张敞看过鼎上的铭文后指出，美阳一带是西周王朝的发祥地，应该有宗庙祭祀场所，这件鼎是周王赏赐给大臣尸臣的，他的子孙刻上铭文记载祖先的功德，并将它供奉在宗庙里。张敞认为此鼎太小，上面又有铭文，并不是传说中的九鼎，不宜供奉到宗庙中，这一建议被汉宣帝采纳。张敞对尸臣鼎的鉴赏，从一个侧面反映出当时古董收藏和鉴赏的水平。张敞是刘贺岳父严延年的好友，刘贺被废为昌邑故王、居住在昌邑故王宫期间，张敞任山阳郡太守，地节四年（公元前 66 年）九月曾到访昌邑故王宫，他可能鉴赏过刘贺收藏的这批古董。

图 18　战国白玉舞人饰　　　　　图 19　战国谷纹白玉勒

圆雕琥珀虎

瑕瑛江珠　异域殊宝

尺　　寸：长 2、宽 1 厘米
质　　地：琥珀
出土位置：刘贺墓内棺 刘贺遗骸腰部

　　圆雕琥珀虎呈浅黄色，透明清澈，外观特征接近波罗的海琥珀。虎作伏卧式，抬头平视前方，用简练的阴刻线条勾勒出虎的口、眼、眉、鼻、耳及身躯、四肢，四肢前屈，体形肥硕，臀部饱满，腹部对穿一孔。采用圆雕与线刻相结合的手法，线条圆润洗炼，将虎的形象刻画得生动传神（图 1、2）。

图 1　圆雕琥珀虎

图 2　琥珀虎出土场景

■ 神奇的琥珀

　　琥珀是中生代白垩纪至新生代第三纪松柏科植物的树脂，经地质作用形成的一种树脂化石，属有机质半宝石，质地较为松散，摩氏硬度在 2～3 左右，远远小于玉石等其他宝石，不适合进行复杂精细的加工。琥珀是古代树脂埋藏地下逐渐石化而成的，树木在遭受昆虫钻咬或枝干折断时，会分泌胶质物以保护创口，分泌的树胶逐渐聚集、凝结，经地质运动深埋土中或是被海浪冲到岸边，随树木顺河流冲刷而下，最后滞聚于河口三角洲的浅洼处，渐渐被泥沙所覆盖，经过漫长岁月，木头变成了煤，树胶则变成了琥珀。琥珀通常保存在海边或古老河湖三角洲沉积层中，开采砂岩、页岩、泥岩层的煤矿时，亦常常会发现琥珀，因此，琥珀也就有了由海床冲出的海珀和采自陆地的矿珀之分。琥珀经长期埋藏，因氧化颜色变深，不同产地的琥珀在光学性质上有一定差异，主要体现在颜色和透明度两方面，一般将琥珀中透明的总称为金珀，不透明的称蜜蜡或蜡珀，居两者之间者称琥珀。

　　琥珀包含碳、氢、氧和硫四种元素，其中碳占 78.60％，氧和氢各占 10.50％，硫占 0.40％，比重约为 1.05～1.08，在海水中会上浮。琥珀为非结晶质，断口

图 3　圆雕琥珀虎　　　　　　　　　图 4　虫珀佩饰

呈贝壳状，非严格意义上的矿物。琥珀亦非严格意义上的化石，因为化石（如恐龙化石）或岩石中保留的树叶、昆虫等，都是原始形态的矿化物，而琥珀却完全不同，其作为有机体的初始状态，虽经历数万年而无丝毫的改变，即使是包含其中的昆虫，亦是完好如初（图4）。

世界上琥珀的储藏有数百处之多，但储藏丰富且值得开采的，约20处，亚洲的马来西亚、缅甸，欧洲的西西里、波罗的海，美洲的多米尼加、墨西哥均以盛产琥珀闻名。波罗的海琥珀的颜色一般趋黄，有透明清澈的，也有内含气泡而呈雾状的。缅甸和马来西亚是亚洲两大著名的琥珀产区。缅甸琥珀颜色以深红为主，有荧光，氧化后颜色更深，大致有金珀、血珀、棕红珀数种，以血珀最著名；又因内含方解石，质地致密，硬度偏高，是所有琥珀中硬度最高的一种，因此被称为硬琥珀。

战国、汉、晋墓葬中出土不少伏兽形佩饰，有煤精、玉石、金、琥珀等材质。孙机先生据《急就章》"系臂琅玕虎魄龙"，以及"射魃、辟邪、群凶；射魃、辟邪，皆神兽名也。魃，小儿鬼也。射魃言能射去魃鬼。辟邪言能辟御妖邪也。谓以宝玉之类二兽之状，以佩带之，用除去凶灾而保卫其身也。"等记载，推定琥珀伏虎形小佩饰，具有辟邪的功能。汉代人们认为琥珀是虎目之精魄沦入地下生成的。虎为兽中之王，和龙一样，在中国古人心目中是神奇力量的化身。据西汉应劭《风俗通义》："虎者，阳物，百兽之长也，能执搏挫锐，噬食鬼魅。今人卒得恶遇，烧悟虎皮饮之，系其爪，亦能辟恶，此其验也。"由此也不难理解汉晋时期的琥珀多被制成伏虎形，随身佩戴。有人把此类兽形饰命名为狮、辟邪等，我们认为，把其命名为虎，更接近汉代的实际。汉代"虎魄"的名称以及与琥珀相关的理念，均与古代西方相关，应是随琥珀原料一起传入的（图3）。

■ 西汉琥珀料来源

从文献记载来看，琥珀在汉初为人们所认识，被称作"虎珀""虎魄""遗玉""江珠"等。"琥珀"一词，最早见于西汉初年陆贾编著的《新语·道基》："琥珀、珊瑚、翠羽、珠玉，山生水藏，择地而居。"在汉代文献中，琥珀常与金玉、琉璃、珊瑚等珍贵之物并举，且多为贡品，供皇室贵族赏玩。据《汉书》《后汉书》记载，琥珀多产于云南、缅甸与南亚地区，西汉史游《急就章》、东汉班固《汉书》称"虎魄"，西汉刘向《别录》、晋张华《博物志》称"江珠"。《别录》云："琥珀一名江珠。"左思《蜀都赋》云："其间则有虎魄丹青，江珠瑕英。金沙银砾，符采彪柄，晖丽灼烁。"刘陆注："博南县出虎珀。"注又引扬雄《蜀都赋》："瑕英江珠。"由此可知，"虎珀""江珠"之名在西汉已通行。

考古发现表明，我国琥珀的使用有着悠久的历史。在距今 3000 多年前的四川广汉三星堆 1 号祭祀坑中出土了一枚心形琥珀坠饰，有穿孔，这是我国目前发现的年代最早的琥珀制品，与之年代相近的还有山西保德县商代遗址出土的琥珀珠。河北唐山贾各庄一瓮罐葬中出土战国前期琥珀虎形饰，器体横穿一孔，应是戴在小孩身上的佩饰，兼具辟邪的功效。与先秦时期相比，汉代琥珀制品的数量、形制和工艺都达到了一个新的水平（图 5）。据初步统计，在全国 57 个汉墓群中发现 600 多件琥珀制品，其中可以明确断定属于西汉的有 12 处，均为大型墓葬，且伴出精美的铜器、玉器、漆器，年代最早的是广西贵县汉墓群出土的琥珀珠和河北献县陵上寺村 36 号汉墓出土的琥珀球、卧兽形琥珀饰，年代为西汉早期。

波罗的海是世界上储量最大、开采时间最长、使用历史最悠久的琥珀产区，产品被大量用于欧洲的琥珀贸易。当地居民至少从 1 万年前起，就开始采集、打捞漂浮在海面的琥珀，运往意大利半岛进行贸易。青铜时代，连接欧洲北部波罗的海及南部地区的琥珀之路，北起丹麦日德兰沿海或波兰的珊兰登半岛，然后沿易北河南下至多瑙河，翻越阿尔卑斯山，抵达意大利以及地中海沿岸的其他中心城市。在地中海，琥珀之路与古丝绸之路交汇，通向中亚、东亚和南亚。在公元前 6 世纪，波罗的海琥珀借助希腊、斯基泰商人之手，经欧亚草原丝绸之路或皮毛之路，理论上可达中国北方游牧民族地区，亦可沿南方海上丝绸之路运抵南部沿海港口城市。罗马贵族对琥珀的喜爱，推动了琥珀之路的繁荣，罗马是当时欧洲琥珀艺术的中心。罗马在汉代文

献中被称为大秦，波罗的海琥珀作为大秦特产，为汉人所知（图6）。

汉代波罗的海琥珀输入的路线至少有陆路、水路两条。其一经北方绿洲丝绸之路。汉代出土琥珀遗址北方分布带居于新疆、青海、内蒙古、陕西、河北、辽宁一线，以实物证明这条商路的存在。其二经南方海上丝绸之路。广西合浦、广东广州、江苏扬州等沿海港口城市的汉墓中，多见琥珀，并伴出多面金珠、小金壶等富有异域文化风格的小饰物，汉代出土琥珀遗址南方分布带居于云南、贵州、四川、广西、广东、湖南、江西一线，以实物证明海上贸易路线的存在。刘贺墓出土琥珀虎的原料为波罗的海琥珀，雕刻工艺是典型的"汉八刀"，在刘贺墓所有出土文物中，其原料产地最远，为我们了解西汉文明的视野提供了一个全新的视角。

缅甸琥珀，出产于与我国云南接壤的缅北克欣邦胡康河谷，属深井矿珀，开采难度大，产量有限。缅甸琥珀在汉代文献中已有记载，《汉书》中的掸国在今缅甸境内，离永昌郡城有18天路程，掸国遣使入汉朝贡、朝贺，也是从水道进入永昌郡，因此永昌城成为包括琥珀在内的南方珍宝的集散地，西汉文献中所说的永昌琥珀，实际上是掸国物产。刘充国墓出土2只圆雕琥珀虎，呈半透明的棕红色，质地致密，与缅甸出产琥珀外观特征最为接近（图7）。同时，掸国还可以通过与中南半岛的贸易，获得从海上丝绸之路进入的波罗的海琥珀，那么汉代所谓永昌琥珀，也不排除其中一部分产自波罗的海沿岸。

图 7　圆雕琥珀虎（刘充国墓出土）

图 8　西汉玉门关遗址

■ 丝绸之路

西汉时期，张骞通西域，沟通了中国与中亚地区的陆上交通，因中国以输出丝绸为主，后来人们称之为丝绸之路，我国古代对外经济文化交流活动长期经由这条道路沟通。1877 年德国探险家和地理学家冯・李希霍芬在《中国》一书中首次提出 Seidenstrassen，他对丝绸之路的经典定义是：从公元前 114 年到公元 127 年间，连接中国与河中（中亚阿姆河与锡尔河之间）以及中国与印度，以丝绸贸易为媒介的西域交通路线。这个名称很快得到东西方众多学者的赞同，1910 年德国人赫尔曼在《中国和叙利亚之间的丝绸古道》一书中提出，我们把这个名称的含义延伸到通往遥远西方的叙利亚的道路上。这样就把丝绸之路放在中国与地中海文明之间交往的基点上，丝绸之路便是古代中国经中亚通往南亚、西亚连接北非和欧洲，以丝绸贸易为主要媒介的贸易、文化交往之路。这是一个富有诗意的名字，容易使人联想到永不停息的驼队驮着五颜六色的丝绸缓慢地穿越雪山环绕的沙漠、穿过绿洲城镇的画面。两汉时期，丝绸之路从西安出发，向西经陇西或固原过兰州后出嘉峪关，经河西走廊到达敦煌，出玉门关或阳关（图 8、9），分南北两条路线，北线沿着天山南麓、塔克拉玛干沙漠北缘经绿洲城市哈密、吐鲁番、库尔勒、库车和阿克苏到达喀什；南线经绿洲城市若羌、且末、尼雅、和田和莎车到达喀什。从喀什出发，经过帕米尔高原北部到达撒马尔罕和布哈拉，或者从帕米尔高原南部到达巴尔赫、马里。以马里为起点，又有多条路线，即经巴格达到大马士革或安提阿或伊斯坦布尔通向地中海，还可到达黑海沿岸的特拉布松。在绿洲城市和地中海城市之间，丝绸之路在草原沙漠的边缘延伸（图 10）。

国内外学者依据历史文献和考古学材料进行深入研究，确认了从北部湾出发到东南亚、南亚等地的汉代海上丝绸之路，丝绸、黄金、珍珠等是汉代海上丝绸之路的主要贸易商品。西汉对外海上贸易和交通中心在北部湾，沿海地区的合浦、徐闻和日南（今越南境内）成为海上丝绸之路的最早始发港，汉朝以缅甸和中南半岛为桥梁，与印度和罗马帝国交往。合浦濒临北部湾，汉朝设立合浦郡，并把徐闻划归合浦郡管辖，合浦自然成为西汉时期中国通往海外的始发港和外国人来华的首冲口岸。汉帝国正是通过岭南地区而被纳入当时的"世界贸易体系"，原先东南亚各地孤立的交易体系被联结起来，纳入一个巨大的网络，这个网络从西欧通过地中海、波斯湾和红海延伸到

图 9　西汉阳关烽燧遗址

图 10　贴金骆驼纹漆筒局部

印度、东南亚和中国……这条海上丝绸之路的开辟，奠定了后世东西方海上交通的基本路线。从合浦港出发，由南流江往北通过北流江、西江、桂江、灵渠、湘江，可与中原沟通；往西北通过红水河，可与云、贵、川等中国西南地区联系；往西南通过海、陆途径，可与东南亚、南亚等地交往。

汉王朝派遣使团携"黄金杂缯"到东南亚、南亚一带交换的奇石异物主要包括琥珀、琉璃、水晶、石髓、玛瑙和黄金等珠饰，足以证明早在西汉前期合浦已是一个中外商贾云集、繁华富庶的国际商港，是远航东南亚、南亚、西亚、东非的最早海上丝绸之路的始发港。考古工作者在合浦发现了近万座汉代墓葬，在已经发掘的上千座汉墓中，出土了数量众多的铜器、陶器、玉石器、金器等中国本土出产的珍贵文物，还出土了可能产自南亚、东南亚等地的玛瑙、琥珀、玻璃、水晶、香料。这些珍贵文物，是合浦作为海上丝绸之路始发港的物证。

陆上、海上丝绸之路，不但沟通了古代东西方之间的贸易与友好往来，增进了各民族之间的了解和友谊，而且也推进了东西方经济文化交流，丝绸之路的开通，对世界文明做出了重大贡献，刘贺墓园出土产自波罗的海和缅甸的琥珀以及来自西亚的玛瑙（图11、12），是汉代丝绸之路的见证。

图 11　贝形玛瑙饰　　　　　　　图 12　管形玛瑙珠

熊形石嵌饰

山河精蕴　美玉比德

尺　　寸：高5.2、宽4.1、厚0.3厘米
质　　地：石
出土位置：刘贺墓西藏椁

　　熊形石嵌饰由浅灰白色灰岩雕琢而成，沁蚀严重（图1）。呈片状，单面浅浮雕，正面抛光，背面微弧，未经打磨。整体呈熊侧身蹲踞状，作抚胸招手式；头部取正面剪影，头顶有毛发，独角，双耳竖立，面部宽扁，似熊面，鼓目宽眉，圆睛外凸，眼尾上翘，长眉上挑，云头鼻，鼻梁有线纹，鼻翼外鼓，张口吐舌，三颗门齿外露；兽身圆胖，似人形，袒乳露脐，垂腹；四肢粗壮有力，爪形足，爪分五指，指长且尖，右爪放于胸前，右腿弯曲，右膝跪地，左足着地，左膝撑起左肘，左爪附于左耳旁，掌心向前紧贴于耳，做招手状。兽身以涡纹勾勒关节，毛发较少，仅在肘部、膝盖、足跟处以平行短线纹表现鬃毛。

图 1 熊形石嵌饰

■ 罕见的兽形嵌饰

熊形石嵌饰共 2 片，系一件镶玉漆樽上的嵌饰，漆樽出土时已残损。该漆樽的嵌饰还有双狼噬猪、龙、长冠鸟等形状的石嵌饰各 2 片，螭虎形石嵌饰 1 件，材质、呈色相近。长冠鸟形饰件为双面透雕，嵌在器盖上（图 2、3）；熊形、双狼噬猪、龙纹石嵌饰均为片状单面浅浮雕，正面抛光，背面未打磨，便于粘贴牢固，为樽腹嵌饰（图 4、5）；螭虎形石嵌饰为圆雕，可能是漆樽的錾（图 6）。

熊形石嵌饰构图饱满，轮廓有力，将对象的生理结构夸张、变形、概括，抓住典型的动态特征来表现，捕捉到生动、美好的瞬间进行定格化处理，刻画传神，立体感强，具有生动夸张的视觉效果，着意刻画熊的野性，体现了大匠不雕、遗形取神的艺术创作原则；雕工简约，线条简练流畅，在有限的石料上，工匠施展出无限的才华，以曲线斜刀塑造转折，短线示意毛发，寥寥数笔，神兽跃然而出，活灵活现。其头、身、嘴、手、脚均不成比例，姿态生动有趣，这种神兽不存在于现实生活中，是把熊的憨态和人的可爱混搭在一起进行了艺术变形、夸张的熊，既不是行走奔跑的熊，也不是爬伏鼾睡的熊，而是拟人化的熊，似熊非熊，似人非人，似鬼非鬼，表情不知是正在发怒还是发笑，十分滑稽，招人喜爱，目前出土文物中均未见过同样的形象。从审美的角度看，这件石嵌饰表现手法看似粗疏实则简约，整体造型看似笨拙实则稚拙，艺术表现看似无意实则刻意，充分显示出一种震撼人心的力量、运动和气势之美，是一件罕见的精美石雕，代表着汉代高超的玉石工艺水平。

图 2　漆樽出土场景

图 3　透雕长冠鸟形石嵌饰
图 4　双狼噬猪石嵌饰

图 5　龙纹石嵌饰　　　　　　图 6　圆雕螭虎形石嵌饰

图 7　三色缟玛瑙珠

图 8　水晶饰

■ 自由灵动的汉玉

在中国古人眼里，玉是温润而有光泽的美石，玉器就是用这些美石雕琢而成的器物。玉器制作于不同的历史时代，体现着不同的历史背景，承载着不同的历史使命，因此，玉器就具备了自然和社会两方面的属性。中国是世界上久盛不衰、大放异彩的玉器之邦。中华民族有八千年玉文化史，是爱玉、崇玉、尊玉的民族，它萌芽于新石器时代早期，产生于新石器时代中晚期，发展于先秦时期，兴盛于汉代，一直延续到当代。在漫长的岁月中，玉器被人们赋予神秘的色彩，承载着人们的精神寄托，深深地根植于中国传统文化，在社会生活中发挥着其他艺术品无法替代的作用。玉所特有的美丽光泽和温润内质受到人们重视和推崇，被赋予人文之美，对古代政治、礼仪、商贸、宗教、信仰乃至生活习俗和审美情趣产生深刻影响。儒家学派继承并发扬古人爱玉、崇玉的传统，选择玉作为其政治理想和道德观念的载体，提倡"君子比德于玉"，以物喻人，将玉道德化、人格化，使得玉器既体现着拥有者的社会地位与财富，又表达人的思想境界、道德修养，形成一股用玉浪潮。汉代从长期贵玉、佩玉审美体验中把儒家道德美、人格美融入玉的材质、色泽、声响、工艺等有意味的外在形式中，升华出玉的五德，以呼应儒家仁、义、礼、智、信五种人格，从物质、精神两个层面赋予玉器美和德双重品格。汉代玉德学说不仅促进了玉器从种类到造型、纹饰到工艺的繁荣发展，还成为玉文化的重要内涵，也是汉代对后世玉文化的重大贡献。

我国玉器工艺源远流长，因为玉石硬度较高，加工时需要特殊的工具和技术，随着生产力的进步，历代琢玉技术也相应提高。琢玉工具有石英砂（俗称解玉砂）、钻、无齿锯、砣、刻刀等；工艺技术有切、钻、锯、刻、凿、抛光等，切就是切料作坯，钻分孔钻和管钻。汉代稳定的政治和繁荣的经济为琢玉业提供了良好的社会环境；丝绸之路开通，和田玉料源源不断输入，为琢玉业提供了高质量原料，玉器制作业进入全面发展阶段，制作工艺日益精湛，各类玉器的功能逐渐固定下来。由于炼钢技术的精进，钢砣、钢锯、钢刻刀的广泛使用，工具性能和工作效率随之提高，使得琢玉技术在继承春秋战国的基础上达到了崭新的高度，圆雕、浮雕、镂雕、阴线刻、阳线刻等技法日趋流行，抛光精细，各种纹饰都可以随心所欲地雕琢出来。刘贺墓出土的玛瑙、水晶器皆为硬度超过玉器的材质，打孔很细，孔边缘基本呈直角，是铁质、钢质工具在琢玉业应用的直接证据（图7、8）。

汉代是玉文化传承与发展的重要时期，玉文化在先秦的基础上又有所创新，形成了新的艺术风格，涉及祭祀、朝聘、丧葬制度、日常生活以及装饰佩戴诸方面。西汉前期，玉器主要延续了战国时期的风格，造型、纹饰等处于承上启下的过渡期，因而有时二者难以区分。西汉中期，由于儒学地位逐步提高，儒家"贵玉"的思想得到了继承和发扬，在玉器制作方面，出现了一些新的器类和器形，逐渐形成了新的艺术风格，呈现鲜明的时代特色。西汉后期，上层社会对玉器的使用确立了比较明确的规范，开始出现一些玉雕新题材。汉代玉器造型丰富多样，装饰纹样千姿百态，文化内涵多姿多彩，艺术风格自由不羁，琢玉工匠凭着海阔天空的想象力，以海纳百川、兼容并包的治玉理念，采用写实与写意并用的创作手法，舍弃细节，注重整体效果，着力表现创作对象的神韵，将富有浪漫色彩的天上神仙生活与具有浓郁生活气息的现实世界，有机地结合在一起，除了传统的龙凤等题材之外，那些传说中能避魔驱邪，带来祥瑞的神兽如螭龙、天马等成为新的艺术形象，它们能够在九天飞翔，与神仙沟通，载人升仙。汉代玉器因此充满自由灵动的韵味，具有浪漫主义的情怀。汉代玉器艺术是中国玉器史上最为辉煌的时代，有着前所未有的想象力和创造力，很多造型与纹饰被后世模仿，如螭纹、龙纹、熊纹、虎纹、鸟纹等，不仅有着结实的肌肉、矫健的身躯，而且其身体的扭曲、游动感是后世玉雕所无法比拟的，尤其是对螭纹、龙纹的刻画，张力十足，充满无限的生机与活力（图9），有着前无古人、后无来者的大气磅礴之势，是后世玉器艺术无法达到的高峰，使得汉代成为古代中国玉器继新石器时代、商周、春秋战国之后第四个高峰。

汉代是目前发现玉器最多的时代，考古出土品及传世品均非常丰富，精品多集中于高等级贵族墓中。在西汉时期，白玉和质佳的青白玉主要出自诸侯王、王后以及列侯、侯夫人墓内，也有少量出自刘氏宗室墓或高等级贵族墓内，说明当时上等玉料资源都被帝王、刘氏宗室和高级贵族所垄断。刘贺墓出土玉器400多件，白玉洁白细腻，青玉色泽温润；硬度高，透明度好，籽料占比大。器类40多种，包括圭、璧一类礼仪用玉，剑饰、佩、觿、瑗之类装饰用玉，印、带钩、耳杯之类生活用玉，枕、九窍、手握、琉璃席之类葬玉，除战国玉舞人等少数为前代遗留下来的旧玉外，已不见先秦风格的玉器，都是西汉中后期流行的器种，属于典型的汉玉，代表了当时官营手工业琢玉工艺水平（图10～12）。由于西汉帝陵均未进行大规模发掘，目前能见到的级别最高的汉代玉器都出土于诸侯王墓，刘贺墓出土玉器居汉墓之首，所出玉器选料精良，造型优美，构图新颖，纹饰华美，雕琢精工，实现了形与神的统一，注入了汉代工匠巧妙的艺术灵感和雕琢技巧，体现着汉代乐观向上、一往无前的时代精神和雄浑豪放、自由洒脱的审美情怀。

图 9　螭纹龙首玉带钩　　　　　图 10　白玉环
图 11　龙形青白玉饰　　　　　图 12　凤鸟纹青玉剑珌

俳优俑青铜镇

白玉为镇　石兰为芳

尺　　寸：通高 7.8、底长 5.5、宽 5.1 厘米
重　　量：约 634 克
质　　地：青铜
出土位置：刘贺墓西藏椁

　　俳优俑镇与雁形镇、凤形镇、虎形镇、豹形镇、鳖形镇共 24 件青铜镇盛放在刘贺墓西藏椁的一件漆笥内。俳优俑镇 1 套 4 件，两两成对。其中一对俳优俑为跪坐姿，屈膝降腰，臀部压在脚后跟上；头微后仰，高髻，戴冠，面部丰满，大眼微眯，宽鼻，高颧骨，圆下巴，作张嘴嬉笑状；身穿长袍，腰系带；左臂弯曲，自然下垂，左手手心朝下平放在左膝上，右臂弯曲，五指张开上举至耳部，掌心朝前；另一对俑不同之处在于作双膝盘坐式，左臂弯曲，自然下垂，左手手心朝下平放在左膝上；右臂外翻，右手手心朝上放在右膝右前方（图 1）。从服饰、造型、动作表情来看，这 2 对青铜俑当为汉代俳优形象，人物形体轮廓简洁，面部表情夸张滑稽，诙谐可爱，趣味十足。

图 1　俳优俑青铜镇

■ 席地而坐

镇是古代用于压坐席的生活器具，源于先秦两汉时期人们的生活方式。汉代还没有发明、引进高体家具，室内仅有榻、几、案、屏风等数种家具，榻是当时用于坐、卧的主要家具，这些家具上以及几案周围的地面等就座之处都需要铺席，席是室内的日常陈设，刘贺墓、刘充国墓内棺底板上铺琉璃席，是当时居室生活的写照。人们席地而坐，为了避免由于起身与落座时折卷席角或牵挂衣饰，于是有了用重物镇压坐席四角的做法，即所谓"席镇"。

文献记载和考古发现表明，用镇压席的习俗在先秦时期就已出现。屈原《楚辞》是至今所见最早记录席和镇组合使用的文献资料，《九歌·东皇太一》中有"瑶席兮玉瑱，盍将把兮琼芳"之句，东汉文学家王逸注解道："以白玉镇坐席也"。宋代大儒朱熹在《楚辞集注》中注释道："瑶，美玉也。瑱与镇同，所以压神位之席也"。《九歌·湘夫人》中有"罔薜荔兮为帷，擗蕙櫋兮既张。排白玉兮为镇，疏石兰兮为芳"。朱熹注解道："镇，压坐席也"。全句大意是：编织薜荔啊做成帷幕，剖开蕙草做的幔帐已支张。用白玉啊做成席镇，各处陈设石兰啊一片芳香。浙江绍兴印山春秋晚期大墓出土了19件玉镇，其中2件出土时正好压在竹席上，可以与上述文献记载相互印证。

汉镇是用来压席子四角的，所以多以一组4件的形式出现（图2、3）。汉代文献中也有关于席镇使用的记载，邹阳《酒赋》有"安广坐，列雕屏，绡绮为席，犀璩为镇"之句。据《西京杂记》，昭阳殿有"绿熊席，席毛长二尺余""有四玉镇，皆达照，无瑕缺"。上海博物馆藏唐代画家孙位的《高逸图》，生动地向我们再现了实际生活中席镇使用的情形：人坐在席子中央，席镇放置在四角，顶端有纽且穿有系带，席上还摆放着一些其他物品，这些文献记载和图像资料生动地再现了席和镇的使用场景。使用席镇的痕迹在未经盗扰的汉墓中也有发现，如徐州铜山小龟山西汉崖洞墓南室4件鎏金虎形镇，出土时摆放在方形四角，方形内有陶器、玉器等；山西朔县西汉墓出土4件虎形镇，呈四方形排列，方形内也有一些器物。从这些迹象可推测出，镇下应铺有席子，镇所在的位置应为席子的四角。

汉镇既用于坐席，又用于博席，即博戏投抨之压，马王堆三号墓遣册第305号竹简记录，该墓殉葬品中有1件麻质博席，长5汉尺、宽4汉尺。汉墓出土投抨与镇的情形以及众多展现"六博"场景的画像砖、画像石中能清晰地发现放在博席四角的镇，表明镇可以用于投抨的席压。东汉许慎《说文解字》中"镇，博压也"是指汉镇的这一功能。

图 2　鎏金鹿形青铜镇

图 3　豹形青铜镇

■ 造型生动的西汉铜镇

春秋战国时期的席镇，形制多呈半球形，圆顶上设置环纽，并有套环；通高一般在 5 ～ 8 厘米之间，重量约 0.8 ～ 1.25 千克，体量不大，但颇为敦实。席镇的半球形和体小而量重的特点凸显了实用功能，这一设计也延续至汉代。为了避免牵绊衣物，汉镇的造型一般为重心低且稳的半球形，动物造型的镇则身体蜷曲蟠伏，也有人物形镇、博山形以及两兽相搏形镇。镇通常由金属、玉石等密度大的材料制作，体积较小，有时在镇内部灌入铅、细沙等以增加重量。汉镇质地包括金属镇和玉石镇两类，玉石镇比较少见，从《楚辞·九歌》《酒赋》和《西京杂记》等文献记载可以看出，镇最初应是玉石质的（图 4、5）。金属镇又有青铜镇、铁镇、铅镇之分，以青铜镇居多。

考古发现表明，汉镇品类众多、数量巨大、造型多样、装饰精致、制作精良、使用普遍，达到历史顶峰，全国各地汉墓中出土了数量众多的各式镇，高等级墓葬中往往同时出土不同形制的多组镇。依形制不同，汉镇分为动物形、人物形、博山形三大类，以动物形居多。

出土的动物形镇多数为青铜质，形制多样，常见的有虎、豹、辟邪、鹿、羊、熊、龙、龟、雁等，大多数做成盘卧的动物形，基本形制接近于扁圆的半球，保持了器身半圆的轮廓。刘贺墓中出土 83 件造型逼真、精巧雅致、工艺精湛、装饰精美的青铜镇，其中有俳优俑镇 4 件、雁形镇 4 件（图 6）、虎形镇 4 件、豹形镇 4 件、鹿形镇 10 件、鳖形镇 4 件、镶玉龟形镇 7 件、凤形镇 8 件，另有 38 件因残破无法辨明造型，大多4 件一组，几乎涵盖了汉代青铜镇的各种形制。装饰工艺主要有鎏金、镶玉石和镶贝壳等，从出土同类汉镇来看，鹿镇背部凹槽多数镶嵌玳瑁壳，此类镇比较轻，重量在 300 克以下，压坐席重量不够，为压投抨的可能性更大；龟形镇的作用也应与此类似，该类镇重量在所有镇中最轻，仅 149 克（图 7）。

人物形镇造型生动、趣味十足，引人注目。俳优是两汉时期的伎乐艺人，形象通常是上身袒裸、身材粗短、形象滑稽的侏儒，善于模仿和扮演各种人物，语言诙谐风趣，以逗趣的面部表情、幽默滑稽的语言配合夸张的肢体动作进行表演以取悦观众。他们往往随侍主人左右，作即兴表演，随时供主人取乐。《汉书·霍光传》记载，霍光废除刘贺时，列举了刘贺一大堆罪状，其中有一条便是刘贺在主持汉昭

图4　西汉熊形玉镇
（北洞山楚王墓出土；徐州市博物馆藏）

图5　西汉虎形石镇
（狮子山楚王墓出土；徐州市博物馆藏）

图6　雁形青铜镇　　　　　　　　　　　图7　镶玉龟形青铜镇

帝丧礼期间，令人从乐府取出乐器，让来自昌邑故国的艺人表演俳优戏取乐。据不完全统计，出土人物形镇除刘贺墓出土一组4件外，陕西西安北郊汉墓出土一组4件，甘肃灵台汉墓（图8）、河南义马县西汉墓、河南新安县汉墓、山东济南汉墓、江西南昌东郊汉墓、江苏大云山江都王墓（图9）、广西西林县西汉墓各出土一组4件，山西朔县汉墓出土两组5件，河北满城中山王刘胜墓出土2件等。这些人物形镇皆为俳优形象，呈跪坐状，姿态神情各异。

图8　俳优俑青铜镇
（灵台汉墓出土；甘肃省博物馆藏）

图9　鎏金俳优俑青铜镇
（大云山江都王墓出土；南京博物院藏）

■ 西汉青铜器的生活化风尚

汉代的青铜冶铸业与先秦相比，发生了很大变化。先秦青铜器用于祭神祀祖，主要功能不是为人而是为鬼神与礼制服务，所以器物的种类以礼器为主，礼器是青铜器中最有特色的器物。战国中期以后，随着人的重要性得到重视，造型实用轻巧、装饰朴素自然的器物开始出现，这一新现象借助于当时流行的错金银、错红铜、鎏金、细线刻镂等新兴工艺在青铜手工业的应用得到进一步发展。秦人以法治国，不遵循周礼那一套，铜器礼制的功能进一步淡化。

西汉青铜器，上承战国晚期遗风，具有浓厚的时代特色。从战国中期开始的世俗化趋势到汉代演变为追求人的价值，享受人生乐趣成为时代思潮，青铜器从商周时期尊神崇礼的束缚下解放出来，由为鬼神、为礼制服务转变成为人服务，青铜器日益失去礼制的意味，向世俗化、生活化、商品化方向发展。青铜礼器急剧衰弱，寓礼于器的时代已一去不复返，容器造型向实用方向发展，日用生活器皿和实用艺术品大量增加，三代流行的鼎、壶、钫等礼器虽然仍在沿用，但用途广泛，功能演变为一般日用器皿。

汉代青铜器的种类很多，主要有饮食器、水器、乐器、日用杂器等。鼎、壶、钫、锺等器物在西汉前期的贵族墓葬中常见，而洗、铫、盘、杯、熨斗、釜、盆、瓶、铞、勺、卮、灯、炉、案等日用器物则更为习见，乐器有编钟、铎、铃、鼓，文具有书刀、研盒，记时有漏壶，还有大量的车马器、兵器、度量衡器、货币、玺印、铜镜等，表明青铜已经应用于日常生活的方方面面，使用铜器是为了方便生活、享受生活，青铜器成为日常用器的主流（图10、11）。因此，汉代青铜器与商周相比，在器物的种类、器形、工艺技术以及用途等方面都有了明显变化，产品功能转向日常生活，以前常见的礼器和兵器逐渐退出历史舞台，铜镜、铜印、铜灯、铜爿等生活器皿日趋流行；青铜器的造型摆脱了商周时期古朴庄严的风格，显得灵巧轻便以满足日常舒适生活的需求，服从于实用功能，装饰简朴、工艺多样、功能实用，这一特点在灯、炉之类器物中表现得尤为明显。青铜器的装饰技法有鎏金、错金银、嵌宝石、细线刻镂等（图12、13），花纹为各种兽类、鸟类和几何形图案。器表的装饰向豪华和朴素两极发展，以满足不同层次人们的需求为目标，总的发展趋势是素面器日渐占据主要地位，高档青铜器则采用通体鎏金的装饰方法来弥补没有花纹的缺陷。轻巧而壁薄的器物不适合铸刻粗重的纹饰，纹饰因此简化，从西汉晚期开始，绝大部分器物除偶尔有铺首和弦纹外，基本上是素面无纹，降低了制作成本，简化了制作工序。正因如此，青铜器才得以大量制作和普遍推广使用。西汉中晚期，随着青铜器功能生活化、制作标准化、应用平民化的发展，铜器生产经营商品化进程快速推进，另一方面，商品化又推动了世俗化的进程，私营铜器制造业得到新的发展，取得了新的成就，形成了新的时代风貌。

图 10　青铜量
图 11　青铜漏壶

图 12　鎏金提梁青铜铿
图 13　嵌宝石青铜带钩

参考文献

（汉）司马迁：《史记》，中华书局，1959 年。

（汉）班固：《汉书》，中华书局，1962 年。

（南朝）范晔：《后汉书》，中华书局，1965 年。

（晋）葛洪：《西京杂记》，中华书局，1985 年。

（清）阮元校刻：《十三经注疏》，中华书局，1980 年。

湖南省博物馆等：《长沙马王堆一号汉墓发掘简报》，文物出版社，1972 年。

中国社会科学院考古研究所等：《满城汉墓发掘报告》，文物出版社，1980 年。

广州市文物管理委员会等：《西汉南越王墓》，文物出版社，1991 年。

何介钧：《长沙马王堆二、三号汉墓》，文物出版社，2004 年。

洪石：《战国秦汉漆器研究》，文物出版社，2006 年。

安徽省文物考古研究所、巢湖市文物管理所：《巢湖汉墓》，文物出版社，2007 年。

卢兆荫：《玉振金声：玉器·金银器考古学研究》，科学出版社，2007 年。

秦始皇兵马俑博物馆编：《秦始皇帝陵》，文物出版社，2009 年。

刘云辉：《陕西出土汉代玉器》，文物出版社、众志美术出版社，2009 年。

孔机：《汉代物质文化资料图说》（增订本），上海古籍出版社，2011 年。

辛德勇：《海昏侯刘贺》，生活·读书·新知三联书店，2016 年。

江西师范大学海昏历史文化研究中心：《纵论海昏——南昌海昏侯墓发掘暨秦汉区域文化国际学术研讨会论文集》，江西教育出版社，2016 年。

中国文化遗产研究院、山东省博物馆编：《书于竹帛：中国简帛文化》，上海书画出版社，2017 年。

任楷：《汉代鞣形佩再探》，周宪主编《艺术理论与艺术史学刊》第三辑，中国社会科学出版社，2019 年。

白云翔：《秦汉考古与秦汉文明研究》，文物出版社，2019 年。

辛德勇：《海昏侯新论》，生活·读书·新知三联书店，2019 年。

南昌汉代海昏侯国遗址博物馆：《金色海昏——汉代海昏侯国历史与文化展》，文物出版社，2020 年。

彭明瀚：《刘贺藏珍——海昏侯国遗址博物馆十大镇馆之宝》，文物出版社，2020 年。

朱凤瀚主编：《海昏简牍初论》，北京大学出版社，2020 年。

赵明、温乐平：《畅论海昏——中国秦汉史研究会第十五届年会海昏历史文化研究论集》，江西人民出版社，2020 年。

南京博物院、盱眙县文化广电与旅游局：《大云山：西汉江都王陵 1 号墓发掘报告》，文物出版社，2020 年。

河北省文物研究所：《河北定县 40 号汉墓发掘简报》，《文物》1981 年第 8 期。

山东菏泽地区汉墓发掘小组：《巨野红土山西汉墓》，《考古学报》1983 年第 4 期。

孙机：《汉镇艺术》，《文物》1983 年第 6 期。

连云港市博物馆：《江苏东海县尹湾汉墓群发掘简报》，《文物》1996 年第 8 期。

卜宪群：《秦汉公文文书与官僚行政管理》，《历史研究》1997 年第 3 期。

山东大学考古系等：《山东长清县双乳山一号汉墓发掘简报》，《考古》1997 年第 3 期。

钟少异：《汉式铁剑综论》，《考古学报》1998 年第 1 期。

胡平生：《简牍制度新探》，《文物》2000 年第 3 期。

陕西省文物局文物鉴定组：《谭家乡汉代金饼整理报告》，《文物》2000 年第 6 期。

党焕英：《古代佩剑制初探》，秦始皇兵马俑博物馆《论丛》编委会编《秦文化论丛》第八辑，陕西人民出版社，2001 年。

杜劲松：《关于西汉多黄金原因的研究》，《中国史研究》2003 年第 4 期。

孙机：《关于汉代漆器的几个问题》，《文物》2004 年第 12 期。

济南市考古研究所等：《山东章丘市洛庄汉墓陪葬坑的清理》，《考古》2004 年第 8 期。

廖国一：《从北部湾出发的汉代海上丝绸之路研究述略》，《广西民族研究》2014 年第 5 期。

江西省文物考古研究所等：《南昌市西汉海昏侯墓》，《考古》2016 年第 7 期。

戴志强、李君：《从西汉刘贺墓说到我国古代的金银币》，《中国钱币》2016 年第 5 期。

王意乐、徐长青等：《海昏侯刘贺墓出土孔子衣镜》，《南方文物》2016 年第 3 期。

杨军、王楚宁等：《西汉海昏侯刘贺墓出土〈论语·知道〉简初探》，《文物》2016 年第 12 期。

王意乐、徐长青：《海昏侯刘贺墓出土的奏牍》，《南方文物》2017 年第 1 期。

刘慧中、田庄等：《海昏侯刘贺墓出土马蹄金、麟趾金意义探析》，《南方文物》2017 年第 1 期。

杨君：《马蹄金和麟趾金考辨》，《中国钱币》2017 年第 3 期。

安天：《汉代琥珀制品的考古发现与出土地域分析》，常州博物馆编《常州文博论丛》，文物出版社，2017 年。

杨一一、管理等：《西汉废帝海昏侯刘贺墓出土马蹄金、麟趾金花丝纹样的制作工艺研究》，《南方文物》2018 年第 2 期。

王清雷、徐长青等：《试论海昏侯刘贺墓编纽钟的编列》，《音乐研究》2018年第5期。

江西省文物考古研究院等：《江西南昌西汉海昏侯墓出土玉器》，《文物》2018年第11期。

江西省文物考古研究院等：《江西南昌西汉海昏侯墓出土青铜器》，《文物》2018年第11期。

刘子亮、杨军等：《汉代东王公传说与图像新探》，《文物》2018年第11期。

黄希、王恺等：《海昏侯墓出土马蹄金、麟趾金内嵌物的分析研究》，《文物保护与考古科学》2018年第4期。

赵妍：《汉代"夫人"称谓考》，《郑州航空工业管理学院学报（社会科学版）》2019年第4期。

张仲立：《海昏侯刘贺墓园五号墓初探》，《江西师范大学学报（哲学社会科学版）》2019年第4期。

中国社会科学院考古研究所等：《江西南昌西汉海昏侯刘贺墓主棺实验室考古发掘》，《文物》2020年第6期。

江西省文物考古研究院等：《江西南昌西汉海昏侯刘贺墓出土部分金器的初步研究》，《文物》2020年第6期。

苏奎：《汉代羱羊纹马珂与文化交流》，《考古与文物》2020年第2期。

徐畅：《再谈汉吴简牍中的"长沙太守中部督邮书掾"》，《文物》2021年第12期。

后记

2015 年 11 月江西省文化厅正式发布海昏侯刘贺墓考古成果后，引起了社会各界的持续关注，学术界从墓葬出土文物、墓主到海昏侯刘贺所处时代的社会历史文化等方面进行多维度、多层面探索，成为近年来我国学术界一边考古发掘、披露信息，一边展览展示、研讨研究的一个公众考古典型案例，海昏侯一度成为海内外文化界最热的词语。海昏侯是一个热门 IP，入选 2015 年度全国十大考古新发现、2016 年度中国十大文物新闻、2017 年度中国十大学术热点、2017 ～ 2019 年度世界重大考古发现、中国百年百大考古发现等。为了让读者更好地了解海昏侯墓出土的重要文物，海昏侯国遗址博物馆建成开馆之前，文物出版社约我编写了《刘贺藏珍——海昏侯国遗址博物馆十大镇馆之宝》（下文简称为《刘贺藏珍》）一书。这本小册子出版后，受到广大读者的欢迎，被评为 2020 年度文物出版社最受读者喜爱的图书；2021 年被评为江西省第 19 届优秀社会科学成果二等奖。

2020 年 9 月 23 日，海昏侯国遗址博物馆正式对外开放，观众如潮，成为江西省城南昌文化旅游的热门打卡地，到 2021 年年底，接待观众 157 万人次。近年来海昏侯墓考古资料科学检测有新收获，文物修复有新进展，文物研究有新成果，我对相关文物也有新认识，觉得《刘贺藏珍》中的个别观点需要加以修正，披露的文物信息也存在不准确的地方，比如，有一件山羊纹银当卢，经仔细观摩原物，结合同期同类文物，认定此物为马珂，所饰山羊纹定名为羱羊更妥当；《孔子徒人图漆衣镜匣》经科学保护，过去一些模糊不清的字也可以辨认，等等。近日，文物出版社编辑约我修订《刘贺藏珍》一书，增补一些重要文物，满足读者深入了解刘贺墓出土文物的愿望。我在进行观众调查的基础上，认真查阅了本馆的观众留言簿和官网、官微上的留言信息，结合我一年多来在博物馆展厅为观众现场讲解过程中收集到的观众参观感受，遴选出刘贺的佩剑、佩玉以及青铜博山炉、青铜镜等 10 件深受观众喜爱的文物作深度解读，行文风格继续采用科普视角，把文物还原到其所处历史时代和使用场景来述说。

这样，改编后的书共收录 20 件文物，基本涵盖了刘贺墓出土的重要文物，透过这些文物，可以一窥汉帝国的气象，感受王侯生活的奢华，品味汉人的风雅意趣。新的书稿与原书相比，有了很大的变化，修订成了改编，因此将书名为《海昏藏美》。书名4 个标准汉隶字，特意从刘贺墓出土简牍文字材料中辑出，意在增添一份历史厚重感，拉近书籍与读者之间的距离，诱发读者的想象力，激发读者的阅读欲，试图让这些见证了刘贺喜怒哀乐的文字带着读者穿越历史时空，回到刘贺生活的汉武盛世和昭宣中兴时代，更好地实现让文物活起来、让文物述说历史的目的。

本研究先后获 2016 年度国家社会科学基金重大委托项目"海昏侯墓考古发掘与历史文化资料整理研究"（批准号 16@ZH022）和 2021 年度国家社会科学基金一般项目"海昏侯刘贺墓出土漆器整理与研究"（批准号 21BKG043）资助，为该项目阶段性研究成果。

在本书编写过程中，我参考了大量已有研究成果，囿于体例，不能在书中一一注释，仅主要参考文献列出；本馆同事，尤其是课题组的成员们在收集资料、观摩出土文物标本等方面给我提供帮助，张冰、赵可明、郭晶、付露等为本书拍摄图片；文物出版社作为一家有担当的文化国企，为本书出版给予了有力支持。在本书付梓之即，我向所有支持、关心本书编辑出版的领导、同事、同仁表示衷心感谢！

岁次壬寅春日于南昌

彭明瀚